JIYU XIETIAO LILUN DE NEIHE JIZHUANGXIANG YUNSHU XITONG FAZHAN YANJIU

基于协调理论的内河集装箱运输系统发展研究

韩京伟 著

東北林業大學出版社
Northeast Forestry University Press
· 哈尔滨 ·

图书在版编目（CIP）数据

基于协调理论的内河集装箱运输系统发展研究 / 韩京伟著 . —哈尔滨：东北林业大学出版社，2016. 12（2025.4重印）
ISBN 978－7－5674－0979－8

Ⅰ. ①基… Ⅱ. ①韩… Ⅲ. ①内河运输—集装箱运输—交通运输系统—研究 Ⅳ. ①U695. 2

中国版本图书馆 CIP 数据核字（2017）第 015621 号

责任编辑：赵　侠　刘天杰
封面设计：宗彦辉
出版发行：东北林业大学出版社
（哈尔滨市香坊区哈平六道街 6 号　邮编：150040）
印　　装：三河市天润建兴印务有限公司
开　　本：710 mm×1 000 mm　1/16
印　　张：13. 5
字　　数：180 千字
版　　次：2017 年 9 月第 1 版
印　　次：2025 年 4 月第 3 次印刷
定　　价：59. 80 元

目　录

1 引 言

1.1 问题的提出

我国内河资源丰富，内河航运发展历史悠久，是我国综合运输体系以及水资源综合利用体系的重要组成部分。自改革开放以来，特别是近10年来，我国内河水运建设与发展取得了显著成绩，形成了以长江、珠江、京杭运河、淮河、黑龙江和松辽水系为主体的内河水运格局，长江干线已成为世界上运量最大、运输最为繁忙的通航河流，对促进流域经济协调发展发挥了重要作用。但是从总体上来看，我国内河航运发展仍较薄弱，内河水运货运量占全国公路、铁路、内河三种内陆运输方式货运总量的比重不足7%，其货物周转量占内陆运输方式总货物周转量的比重不到9%。

近年来，我国内河航运迎来重大发展机遇。2001年九届全国人大四次会议提出要积极发展内河航运；随着内河运输优势的显现，内河运输得到各级政府的普遍认同。2004年我国开始实施中部崛起战略，加快推进经济转型，调整经济结构，转变经济增长方式，扩大内需，贯彻科学发展观，强调节能减排，建设环境友好型社会，推动经济可持续发展。2005 年 11 月 28 日，由上海市、重庆市及湖北省与交通部共同发起、沿长江七省二市参加的“合力建设黄金水道，促进长江经济发展”座谈会在北京召开，时任中共中央政治局常委、国务院副总理黄菊出席会议并作重要讲话。2006 年 11 月 21 日，长江水运发展协调领导小组第一次会议在南京召开。党中央、国务院高度重视长江黄金水道的建设，黄菊副总理专门致信此次会议，曾培炎副总理也提出了明确要求。2009 年 6 月 25 日，长江水运发展协调领导小组第二次会议在合肥召开，全国政协和国家发改委、财政部、水利部等国务院有关部门参加会议，会议主题为坚持以科学发展观统领长江水运发展，全面提升长江水运对沿江经济社会发展的服务能力和质量，加快沿江综合运输大通道建设，进一步推动长江流域经济增长方式的转变，促进沿江区域经济社会全面、协调、可持续发展。2009 年 12 月 9 日至 12 日，时任国务院副总理张德江赴长江调研，12 日在武汉召开的内河航运发展座谈会上强调，要深入贯彻落实科学发展观，全面贯彻中央经济工作会议精神，科学规划，统筹协调，深化改革，加快建设，促进内河航运快速发展、协调发展、安全发展、绿色发展，为我国经济社会发展提供有力支撑。2010 年 8 月，国务院第 123 次常务会议研究部署了推进长江等内河水运发展工作。在 2010 年全国交通运输工作会议上，李盛霖部长特别强调要大力发展内河航运，要把加快内河航运发展作为应对国际金融危机冲击的有效举措和推进综合运输体系发展的重要内容，要求抓紧制订“十二五”（国民经济和社会发展第十二个五年规划）时期内河航运发展规划，完善政策导向。2011 年 1 月，国务院正式下发了《关于加快长江等内河水运发展的意见》（国发〔2011〕2 号），确定了“把发展内河水运作为建设综合运输体系的重点任务”的指导思想和“利用10 年左右时间建成畅通、高效、平安、绿色的现代化内河水运体系”的发展目标，提出了五项主要任务和四条保障措施，标志着长江等内河水运发展正式上升为国家战略。2011 年 3 月 24 日，张德江宣布启动国家内河高等级航道“十二五”建设，长江航运进入加快科学发展的重大战略机遇期，在发展质量、发展水平和发展方式上将会发生根本性变化。内河航运所具有的综合技术经济优势，完全符合当前中央经济结构调整、节能减排、可持续发展、扩大内需等基本要求，正在上升为我国综合运输体系建设的重点之一，内河航运发展的良好时机正在到来。我们应当抓住机遇，加快推进内河航运快速发展，优化综合运输体系整体布局，为全面建成小康社会发挥更大的作用。

内河运输具有运能大、成本低、污染小的技术经济特点，符合我国国民经济可持续发展的战略要求，在综合运输体系中具有不可替代的作用。内河集装箱运输系统协调发展，能够提升其在综合运输体系中的地位和作用，更有利于实现我国建设资源节约、环境友好型社会的目标，促进我国经济社会的协调发展。本书在研究运用协调理论的基础上，充分结合内河集装箱运输发展现状和业务流程，阐述内河集装箱运输系统的特征，针对三个不同层面的协调进行系统分析和深入研究，包括内河集装箱运输系统与外部协调发展、内河集装箱运输系统子系统之间协调和内河集装箱子系统内部协调发展。分析研究过程中注重从理论高度，深入分析内河集装箱运输系统协调发展理论和机制，为内河集装箱运输系统协调发展提供理论支撑，为相关部门评估内河集装箱运输系统协调发展程度提供适用的方法，并提出促进内河集装箱运输发展的措施建议。

1.2 国内外相关研究综述

1.2.1 国内外内河集装箱运输相关研究

1.2.1.1 国外内河集装箱运输相关研究

20 世纪 60 年代，集装箱运输在海上试验成功，集装箱运输方式得到迅速推广与应用。从 20 世纪 70 年代开始，集装箱货运方式在国外部分地区的内河得到采用。目前，国外内河集装箱运输比较发达的地区主要集中在欧洲西部地区、俄罗斯西部地区和北美东部地区。外国学者对内河集装箱运输进行过深入研究，但关于内河集装箱运输的出版物较少，多数以论文等形式捎带提及，这部分成果对笔者完成本书研究提供了很好的借鉴和研究基础。

2004 年，Macharis 和 Verbeke 编制了内河多式联运手册，对内河多式联运与公路运输进行了深入的对比，详细描述了比利时内河多式联运系统的组织结构，其中包括服务终端和服务网络。此外，该手册还提出了一种如何选择内河多式联运系统中最佳港口位置的方法，该方法被称为 LAMBIT，包括运输需求分析和港口位置的评价指标体系[1]。

Notteboom 提出了内河多式联运相关理论，特别是提出内河集装箱运输网络理论，该理论是受铁路空间发展模型启发建立的一个类似的模型，模型将欧洲内河集装箱运输发展分为四个阶段，每个阶段在港口发展、船舶运输服务网络设计、集装箱运输需求和组织等方面都具有不同的特征，还将该模型运用于与海港相连接的内陆集装箱集疏运体系[2]。Fremont，Franc 和 Slack 运用该理论继续开展深入研究，将内河集装箱运输应用于腹地与海港间的运输，并且在法国的勒阿弗尔港和马赛港进行了实证分析[3]。Van der Horst 和 De Langen 专门对内陆集装箱运输链条协作问题进行了深入分析，得出了内河码头之间的合作能够提高货流的规模经济、从而提高对腹地客户服务水平的结论[4]。Platz（2009）深入研究了不同条件下如何通过内河完成欧洲内陆运输，对内河运输市场的发展潜力进行评估，指出通过提供创新服务可以更好地完成内陆运输。

在内河集装箱运输服务网络设计方面有很多研究，主要内容包括计划和调度服务、码头规范操作和运输线路优化等。例如，从一个启运地到目的地是选择直达运输还是选择中转运输，这是需要做出选择的。Crainic 从方法论角度研究这个问题，提出了一个服务网络设计模型和处理程序[5]。Woxenius 提出了内河运输网络整合和路线优化模型，该理论模型在铁路多式联运网络设计方面也得到应用[6]。Kreutzberger 提出一个捆绑运输系统的结构，重点是与铁路货运的联运网络捆绑进行分析，得出通过与铁路进行捆绑运输能提高内河运输竞争力的结论[7]。Groothedde 阐述了物流网络服务者之间合作的重要性，在物流成本、服务需求、合作类型和贯穿物流网络经济分析的基础上，构建了合作运输网络评估模型，并利用内河集装箱运输服务网络对荷兰的消费品快速运输进行证实分析测试（项目被称作 Distrivaart）；此外，他还深入研究了物流网络参与者之间的合作类型，研究结果表明交易成本的引入对网络结构优化会产生很大的影响，也会对网络解决方案的可靠性造成影响[8]。

Caris，Janssens 和 Macharis(2008) 在安特卫普港内河集装箱运输网络研究中，为提高港口服务效率提出了捆绑的概念，并对捆绑的货流进行了分析。Konings 通过深入调查研究，提出了内河集装箱运输货流捆绑策略，并与有关物流网络的运作特点做了对比，通过进行离散事件模拟，得出捆绑货流可以提高内河港口服务效率的结论[9]。为了提高内河港口的运作效率，Douma 主要以鹿特丹港为例研究船舶到港计划。尽管该计划系统很有前途，但起初并不被有关部门接受，为此 Douma 在先前的 APPROACH 项目基础上又做了改进，被称作配送计划，其实施是建立在由船舶代理、货运代理、多式联运代理组成的多代理系统间合作的基础上，通过协议对服务时间进行合理配置，使船舶和码头运营商之间相互配合，从而提高经营效率。Douma 还通过采用实时计划的智能规划系统和动态处理问题的方法不断完善该系统[10]。

除了从软件角度提高内河运输处理能力外，很多研究还从硬件方面入手寻求解决方案，包括采用浮式集装箱码头、起重机驳船、自动集装箱场站、穿梭巴士等。

1.2.1.2　国内内河集装箱运输相关研究

我国开展过很多关于内河集装箱运输发展方面的研究。2000 年交通部委托交通部水运科学研究院开展过“我国内贸集装箱运输发展研究”和“我国内支线集装箱运输发展研究”，2003 年开展过“我国内河集装箱运输发展研究”等相关研究，以为政府部门提供相应的决策支持。

有很多硕士学位论文围绕内河集装箱运输问题开展研究。钟惠在《长江（水系）水路集装箱运输发展研究》论文中，在分析比较国内外内河集装箱运输发展状况基础上，阐述了长江内河集装箱运输存在的主要问题，针对其发展的实际情况，构建模型对其需求进行了预测[11]。高婷在其论文《长江汉申段水路集装箱运输系统研究》中，对内河集装箱运输发展态势进行了全面分析，对集装箱江海中转和江海直达模式进行了论证，提出武汉到上海最经济合理的水路集装箱运输方案[12]。方奕在其论文《杭甬运河集装箱运输系统发展规划研究》中，分析了国内外内河集装箱运输发展状况，与杭甬运河集装箱运输发展实际相结合，从宏观上对杭甬运河集装箱运输系统的发展规划进行了研究，主要包括运量预测、船型论证、港口布局、政策建议等[13]。张婷婷在其论文《宁波内河集装箱运输发展研究》中，从集装箱运输需求量、内河集装箱港口两方面对宁波内河集装箱运输发展进行研究，根据集装箱生成预测原理对其需求进行预测，应用改进模糊综合评判法对杭甬运河集装箱港口布局进行分析[14]。以上论文政策性研究较强，可为内河集装箱运输发展决策提供一定的理论支持，提出的政策建议也较为宏观。

高斌在其论文《长江干线到洋山港江海直达集装箱船船型优选》中，根据长江干线港口现状、规划及箱源状况，选择典型航线并以运费、投资偿还期为主要评价指标，对各个航线下的各种船型进行经济性分析，确定了航行于长江干线主要港口与洋山港之间的经济性较优的江海直达船型[15]。龙静在其论文《上海港集装箱内河运输网络规划》中，运用最短路径方法提出集装箱内河运输网络规划并进行了内河船型选择[16]。黄勇在其论文《长江内河班轮运输航线优化设置》中，运用线性规划方法解决航线设置优化问题，用于解决我国内河班轮运输航线设置问题，最终实现总营运成本最低[17]。张宗永在其论文《上海内河集装箱航运分析与航道规划研究》中，采用蚁群算法和最佳寻路原理 Dijkstra 算法编制计算机程序，模拟整个网络的运作进行计算，对内河航道进行规划[18]。以上论文主要是选取内河集装箱运输系统的某一部分进行研究，集中在微观操作层面，且研究不够系统。

学术期刊上也刊载有不少内河集装箱运输研究的相关文献，文献[19—25]介绍了国外内河集装箱运输发展的现状及可资借鉴的经验；文献[26—41]主要涉及内河集装箱运输船型的评述和船型主尺度选择。近年来，交通部对内河船型标准化比较重视，2001年10月11日颁布了《内河运输船舶标准化管理规定》（交通部2001年第8号令）；此后，交通部等国家部委及相关省市人民政府相继制订并颁布了相关管理规定和配套措施。文献[42—52]侧重于对内河集装箱码头装卸工艺和码头通过能力的探讨；文献[53,54]阐述了内河集装箱运量预测的模型和预测方法；文献[55—89]主要进行内河集装箱运输发展的政策分析，立足全国或地区内河集装箱运输发展现状，找出存在问题，分析发展态势，对未来需求进行简单预测，提出相关政策建议，为相关决策部门提供技术支撑；文献[90—94]主要论述了我国内河航运发展情况及在综合运输体系中的地位和作用。

1.2.2 相关协调理论研究

当前，学术界都在致力于研究各类系统，如社会经济系统、人口系统、资源系统、生态系统等的协调发展问题，通过检索到的相关资料来看，成果已经比较丰富。王维国对人口、经济、社会、科技、环境和资源系统协调发展的理论与方法进行了较为系统的研究[95]；曾珍香研究了一般系统的可持续发展的分析与评价方法问题，并结合某市的人口、资源、环境、经济和社会构成的系统进行了实证分析[96]；穆东运用数据包络分析法研究了系统的协同问题，并对资源型区域的协同发展作了评价[97]；周敏等针对一定区域内的社会、经济、环境和资源的可持续发展系统采用定量分析的方法进行了动态描述，提出了衡量系统协调性的基本准则[98]；袁旭梅等针对“生态—社会—经济”复合系统协调发展的概念、内容和原则作了定性研究[99]；孟庆松等从系统学的角度对一般复合系统的复合因子、协调机制的概念进行了阐述，给出了一类可以实际计算复合系统协调度的模型，并对某具体的“教育—经济—科技”系统进行了实证分析[100]；张远等以天津市为实证对象定量研究了“海岸带城市环境——经济系统”协调发展的评价问题[101]。

对于交通运输体系协调发展问题，我国很多学者做了一些研究，但成果并不丰富，本书将已有的研究成果进行如下梳理。

对交通运输体系整体协调发展的研究有如下主要成果：张生瑞运用协同学的概念和可持续发展的一些方法对综合运输体系协调发展作了初步探讨，但现在还没有合适的方法去解决他提出的评价指标量化问题[102]；张国伍从综合运输体系组织管理层面讨论了综合运输体系协调发展问题，提出了一些改革建议[103]；国家发展改革委综合运输司《综合运输协调发展研究》课题组对我国综合运输体系协调发展的概念、意义、目标与重点进行了定性分析与描述[104]；陈荫三等对综合运输市场的理性培育和协调发展问题进行了定性探讨，提出了相关对策[105]；孙朝苑等从内部协调（运输结构优化和市场机制的完善）和外部协调（与社会发展、经济发展和政府行为的协调）两方面提出了交通运输协调发展的定性指标体系[106]；王孝坤运用协同学和复合系统理论对综合运输复合系统的结构、特征和发展过程及目标进行了探讨，并介绍分析了用于协调发展定量评价的几种模型，但是并未对评价指标体系进行研究[107]。

对交通运输体系与经济、社会、自然环境等外部协调发展的研究有如下主要成果：苏贵影针对目前我国交通与人口、经济在发展过程中存在的不协调问题，提出促进它们协调发展的对策建议[108]；何杰等运用系统工程原理和系统动力学方法，建立模型对公路超载运输治理和经济协调发展的总体因果关系进行了分析[109]；张雪松等从价格变动和人文关怀角度对城市多种公共交通运输方式与社会经济协调发展问题进行了定性分析，提出了相关对策建议[110]；张俊分别从静态、动态和系统运行角度对江西省“交通运输—区域经济”复合系统的协调发展进行了分析，并采用 DEA 方法对该复合系统进行了效率评价[111]；武旭等对应用 DEA（数据包络分析）方法对铁路运输与社会经济协调发展评价的应用思路和过程进行了研究[112]；王繁己对甘肃省 2000～2020 年社会经济与公路运输协调发展模式进行了定性讨论[113]；徐伟欣从可持续发展的角度定性分析了运输与生态、社会环境的协调问题[114]；冯尔钢定性分析了公路对促进综合运输体系协调发展的重要作用和对经济发展的拉动作用[115]；雷怀英采用 DEA 方法对交通运输与经济发展的协调性评价进行了研究[116]。

对各种运输方式之间协调发展的研究有如下主要成果：熊崇俊等运用 DEA 方法对我国综合运输体系内五种运输方式之间的协调发展评价进行了定量研究[117]；徐利民等从五种运输方式之间的协调发展层面对综合运输体系的运作机理和特征作了定性的分析[118]；付慧敏运用协同学原理对运输通道公铁系统的协调发展问题进行了分析，并采用模糊评价方法对运输通道公铁系统的协调发展状况进行评价[119]；田园等对运用功效系数法评价陆上交通运输子系统之间的协调发展状况进行了研究[120]；吴卫平等定性描述了我国各种运输方式协调发展的评判原则[121]。

对各运输方式内部协调发展的研究有如下成果：魏连雨从系统工程理论与协同学角度出发，研究了城市交通系统协调发展的过程、机理与步骤，给出判定其协调发展水平的定量评价方法[122]；鄢冰运用系统理论，对水路交通运输可持续发展的指标体系及综合评价进行了研究[123]；景劲松从公路运输系统与经济、社会人口、环境和资源的协调发展层面，对我国公路运输系统可持续发展问题进行了分析与评价[124]；胡松超等对铁路装卸车作业地点与铁路区段能力之间的协调问题进行了分析[125]；刘军等利用基于 DEA 效率模型对区域公路建设与公路运输协调发展的评价进行了研究[126]；周文华等对运输通道枢纽协调性的评价模型进行了探讨[127]；刘锡汉针对长江运输能力未能充分发挥的现状，对发挥长江优势以促进综合运输体系协调发展提出了相关建议[128]；蒋阳升等针对目前我国城市交通系统在发展过程中存在的不协调问题，定性探讨了实现城市交通系统协调发展的目标和对策[129]；景向阳等对铁路运输的点线能力协调问题进行了定性分析[130]。

1.2.3 既有研究成果评述

国外内河集装箱运输发展较早，内河集装箱运输的研究也比我国起步早，在内河集装箱运输服务网络、优化理论方法和系统研究等方面取得了不少研究成果，并且在现实中得到了应用，有力地促进了国外内河集装箱运输的发展。国内针对内河集装箱运输研究主要侧重于对其某一部分或者某一环节进行研究，缺乏从整个系统的角度展开更全面的深入研究。既有关于内河集装箱运输研究主要存在以下不足。

第一，既有研究对内河集装箱运输系统认识不够全面，尤其对内河集装箱运输系统特点把握不够准确，缺乏相关理论的指导和支撑，许多研究结论难以很好地指导内河集装箱运输的发展实践。

第二，既有研究未能建立一套完善的内河集装箱运输评价指标体系，对内河集装箱运输发展状况难以进行正确的评价分析。

第三，既有研究对内河集装箱运输的协调发展研究不够深入，协调的三个层次各有不同的影响因素和评价指标，而既有研究将不同层次的协调混在一起进行评价，评价结果往往与现实不符。

第四，许多既有研究针对内河集装箱运输的某一环节展开研究，虽有相当的研究深度，往往方法过于复杂，缺乏系统性。

本书的研究正是为了弥补以上研究的不足，为促进我国内河集装箱运输发展提供理论支持，为相关部门制定相关政策提供科学依据。

1.3 研究意义

内河集装箱运输系统协调发展研究具有很重要的现实意义。

从经济角度看，内河集装箱运输与公路运输相比，具有成本低运能大的优势，一艘 500 t 级集装箱船，可装载 28TEU(国际标准集装箱单位)，相当于 12 辆 40 t 卡车的运能；与公路和铁路运输相比，水路集装箱运输的成本是铁路运输的 1/3，是公路运输的 1/5。从环境角度看，内河集装箱运输具有节能、环保、占地少的优势，提高内河集装箱运输竞争力符合可持续发展战略的要求，按照单位货物周转量测算，水路、公路的能耗比是 1∶13.9，二氧化碳排放量比是1∶4；内河航道大多利用天然河道加以改造，不需要征用很多耕地；同时，内河航道渠化以后，还有利于防止水土流失，保护耕地。

从综合运输体系角度看，内河集装箱运输是集装箱枢纽港至关重要的集散方式，国外集装箱枢纽港的内河集疏运量比重在 20%以上，而我国这一比重还不到 10%，提高内河集装箱运输竞争力对实现干线集装箱的快速集疏运具有重要意义。近年来，我国内河集装箱运输受到各级交通运输主管部门和相关企业的高度关注，获得了较快的发展。但是，迄今为止内河集装箱运输系统发展还缺乏专门的理论指导，对内河集装箱运输系统的内涵和特征的认识有待进一步系统化和深化，内河集装箱运输系统发展是否协调，也缺少完善的评价指标体系。

本书运用协调理论、经济学理论对内河集装箱运输系统进行深入分析和研究，结合内河集装箱运输系统的业务流程，深化认识内河集装箱运输系统的特征和内涵，构建适用的内河集装箱运输系统协调发展评价指标体系，提出可考量的协调发展度临界值，为协调发展状态评估提供数量标准，论文研究成果对促进我国内河集装箱运输系统协调发展具有重要的理论和实用价值。

1.4 研究方法、思路和结构框架

1.4.1 研究方法

本书研究将运用系统理论、协调理论、经济学和博弈理论，对内河集装箱运输系统协调发展理论、机制进行全面分析，为定性定量分析内河集装箱运输系统协调发展奠定理论基础；将内河集装箱运输系统协调发展进行科学划分，进行分层次的深入系统研究；构建内河集装箱运输协调发展评价指标体系并给出适宜的评价方法；采用定性和定量分析相结合的方法处理评价指标，通过专家意见处理结果，结合相关统计方法和数学模型，为指标体系评价提供可信的依据。通过严谨论证分析和深入研究，努力提高本研究成果的理论学术水平，增强其战略前瞻性、实用性，为促进我国内河集装箱运输系统协调发展提供理论指导和决策支撑。

1.4.2 研究思路

本书综合运用系统理论、协调理论、经济学理论、统计学理论，吸收和借鉴国内外的研究成果，阐释内河集装箱运输系统协调发展的内涵和特征，建立内河集装箱运输系统理论框架，构建内河集装箱运输系统协调发展评价指标体系，提出其协调发展度临界值，评价内河集装箱运输系统协调程度，给出促进内河集装箱运输系统协调发展的对策建议。

本书研究的基本思路如图 1－1 所示。

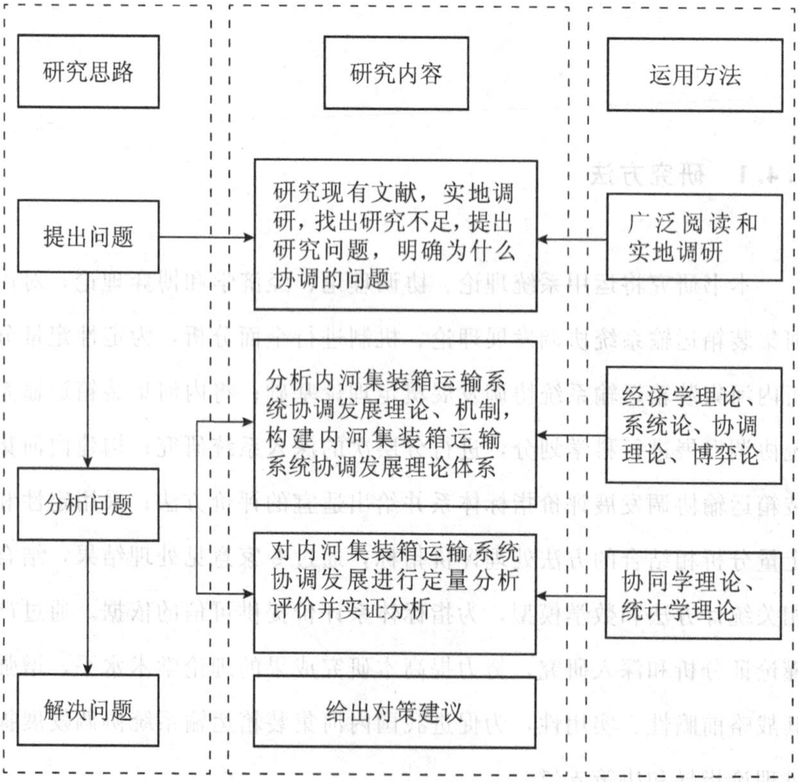

图 1－1 基本思路

1.4.3 结构框架

本书的主要研究内容和结构框架如下：

第一章分析研究背景，综述国内外相关研究状况，提出本书的研究目的、意义、研究方法、思路和内容框架。

第二章首先利用系统理论，给出内河集装箱运输系统的内涵；利用经济学理论，分析内河集装箱运输系统特点；在借鉴国内内河集装箱运输系统发展经验的基础上，分析我国内河集装箱运输系统的现状，并总结存在的问题。

第三章依据系统理论、协调理论和经济学理论，全面分析内河集装箱运输系统协调发展理论，从与外部协调发展、子系统之间协调发展和子系统内部协调发展三个层次对内河集装箱运输系统协调发展问题展开深入的系统分析。

第四章运用博弈论深入分析对促进内河集装箱运输系统协调发展的信任机制、信息共享机制和利益分配机制，提出机制构建应采取的策略和需注意的问题。

第五章在理论、机制分析的基础之上，对内河集装箱运输系统协调发展程度进行定量分析，构建相应的评价指标体系，给出适宜的评价方法以及评价步骤，并以长江集装箱运输协调发展评价作为案例进行验证，并在存在问题、理论和机制分析基础上，从宏观、中观和微观层面分别提出促进内河集装箱运输系统协调发展的对策建议。

第六章是研究结论与展望，对本书研究工作进行总结，提炼创新点，提出有待进一步深化研究的问题。

2 内河集装箱运输系统发展研究

研究内河集装箱运输系统，首先有必要对该系统进行界定，并对系统进行科学的划分，总结出内河集装箱运输系统自身的特点。其次，在借鉴国外内河集装箱运输系统现状的基础上，分析我国内河集装箱运输系统发展现状，并总结存在的问题，为研究内河集装箱运输系统协调发展和提出有针对性的建议奠定基础。

2.1 内河集装箱运输系统内涵及构成分析

2.1.1 内河集装箱运输系统内涵

本书将内河集装箱运输系统界定为：以集装箱为载体将陆路运输和通过江湖河川等天然或人工水道的船舶运输利用中转设施有机组合在一起构成的系统，目标是在特定经济技术条件下，实现以最适宜的运输方式满足运输需求。硬件上包括运载工具、码头和场站、线路基础设施、通信设施、装卸搬运等相关设施；软件上包括运输管理、技术和组织等。

2.1.2 内河集装箱运输系统构成分析

根据上述定义，内河集装箱运输系统由内陆集疏港运输、码头中转、船舶运输三个子系统组成，三个子系统是相互联系、相互制约的，如图 2-1 所示。每个子系统中，又分别由线路基础设施（包括航道、公路）、节点基础设施（包括码头、场站、通信设施、装卸设施等辅助设施）、运输移动设备（包括集卡、船舶等）、运输软件（包括运输管理、技术和组织）组成。

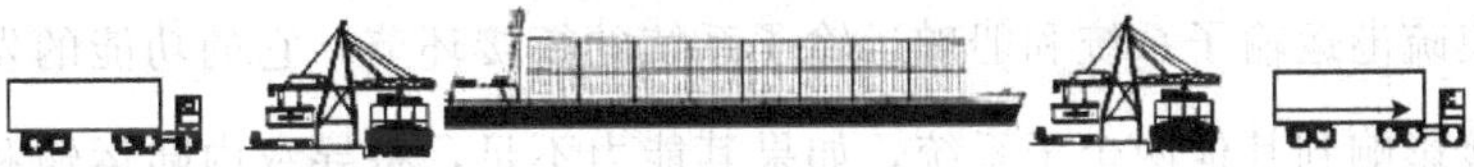

图 2-1 内河集装箱运输系统构成

(1) 内陆集疏港运输

内陆集疏港运输是指集装箱在货主发收货地与内河港口码头堆场之间的运输。由于沿海港口也有内河集疏运的方式，本书为了加以区别，称该运输环节为内陆集疏港运输。内河集装箱运输竞争力与集装箱内陆集疏港运输环节密切相关，尽管内陆集疏港的运输距离是有限的，但是在整个内河集装箱运输链条成本构成中所占比重还是很大的。内陆集疏港运输环节对内河集装箱运输系统竞争力具有重大影响，该环节的协调与否与内河集装箱运输系统的协调发展密切相关。

内陆集疏港运输有两种方式：拖挂运输和甩挂运输。拖挂运输在客户处卸车后可能出现三种情形：①空驶回码头；②在其他地方装载集装箱返回码头；③在同一位置又装上集装箱返回码头。集卡车空载率从 0 到 50%不等，再加上卡车和司机在装卸时需要等待，因此固定成本较高。甩挂运输是用牵引车拖带挂车至目的地，将挂车甩下后，换上新的挂车运往另一个目的地的运输方式。集装箱甩挂运输就是当拖车将满载的集装箱送到目的地时，集卡车头与集装箱可以分离，车头再将满载的另一个集装箱运回，从而减少车辆返程的空载率，并最大限度地压缩装卸等候的时间，是提高道路货运物流效率的重要手段，早已成为欧美和日本等地区和发达国家的主流运输方式。但在我国，甩挂运输遇到滞后的相关政策制约，目前仍大量采用拖挂运输，而很少采用甩挂运输。

(2) 码头中转

码头中转子系统是指由码头承担集装箱中转功能的系统，它是内陆集疏港运输子系统和船舶运输子系统的衔接环节，它的功能的发挥直接影响到其他两个子系统，如果其能力不足，将导致内陆运输和船舶运输无法与码头中转协同，从而影响系统的整体协同效应。公路与水路运输方式之间的转换在内河集装箱运输中是不可避免的，转换成本受码头作业效率的影响，码头作业效率直接影响码头装卸费用。目前，尽管我国内河集装箱运输发展迅速，但是某些地区运量仍旧较低，因此为了降低成本，大部分采用龙门吊、桥吊等装卸设备，相对于采用专业的集装箱岸桥的专业集装箱码头而言，其装卸效率要低得多，仅适合在运量较低的情况下采用。随着港口吞吐量的增加，集装箱码头中转对装卸能力和效率提出了更高的要求，专业的集装箱装卸设备更有吸引力。

(3) 船舶运输

船舶运输是内河集装箱运输系统的另一重要子系统，主要采用固定的船舶和船期，往返于固定的内河港口之间，以服务于腹地经济发展。船舶运输成本很大程度上由船型和运距决定，船型越大、运距越长，平均每 TEU 的固定成本越低。船舶运输组织模式对于运输成本也会产生一定程度的影响，内河集装箱运输组织模式一般包括以下四种：点到点服务、直线服务、集散服务和轴辐式服务模式，如图 2－2 所示。点到点服务模式通过直接连接，没有中途停靠和中间转运，运输时间短，可靠性强，成本低，然而这种模式只有在运量足够大的前提下才被采用的，并且需要满足客户所要求的运输频率。假设每周 5 个班次、双向服务、85％装载率，则需要的最低运量见表 2－1。

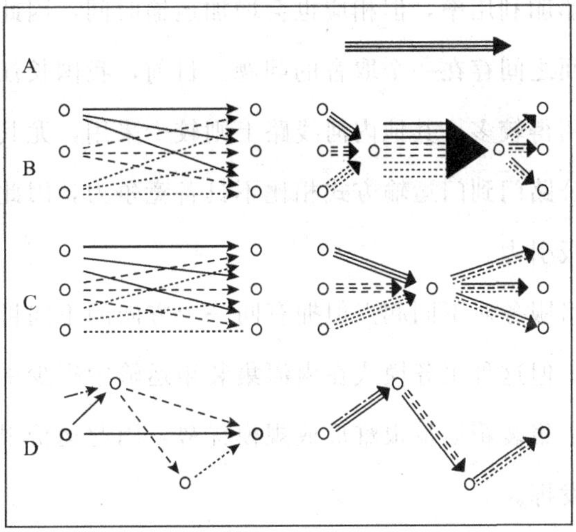

图 2－2　四种货流捆绑模式

A：点到点服务；B：轴辐式服务；C：集散服务；D：直线服务

资料来源：文献［166］

表 2－1　不同组织方式的运量需求列表　TEU/周

网络类型	船型		
	32 TEU	90 TEU	208 TEU
点到点	272	765	1 768
直　线	56	160	369
轴辐式	56	160	369
集　散	56	160	369

通常，集装箱运输是从点到点的服务开始，一般采用小船（从 28 TEU 到 90 TEU 不等），使其提供的服务频率能够满足客户需求（例如每周 3 班）；随着运量的增加，首先增加的是服务频率，随后才采用更大型船。根据这个发展路径，可以保持船舶具有较高的利用率。

在直线服务网络中，通过中间停靠可以加装更多的同向货物，从而有效提高船舶利用率，但相应也会增加运输时间，因此在船舶利用率和运输时间之间存在一个取舍的问题。目前，我国长江干线上这种运输模式采用得较多，其他内河线路上则较少采用，尤其是在运距较短情况下与公路门到门运输方式相比不具备竞争力，因此这种服务方式不具市场吸引力。

集散网络服务对不同起点但拥有同一个方向的不同目的地的货流运输很适合，但这种服务模式在内河集装箱运输中很少采用，由于前后集散过程中集装箱运量很难形成规模优势，因此运价很高，致使网络优势无法发挥。

轴辐式服务网络是一种能够捆绑最大量货流的服务网络，在该网络中，所有的起始点和终点都各通过一个枢纽相互连接，这就意味着不同目的地和启运地的货流可以组织联合运输，为货流小而分散的客户提供服务，且仅有一次中转，从而为提升内河集装箱运输的竞争力提供了机会。

2.2 内河集装箱运输系统竞争力分析

内河集装箱运输与公路集装箱运输相比具有成本低廉的比较优势，但这仅仅是内河船舶运输环节与公路运输相比具有相对优势，如果从整个系统角度去考虑，想要内河集装箱运输系统比公路运输更具竞争力，就需要一定的前提条件。本书利用经济学相关理论，揭示内河集装箱运输系统竞争力的原理，为分析内河集装箱运输系统协调发展提供理论支撑。

2.2.1 盈亏平衡理论

盈亏平衡点是指总收入等于总成本时的产量，以盈亏平衡点为界限，当产量高于盈亏平衡点时企业盈利，反之，企业就亏损。

盈亏平衡分析（Break-even analysis）又称保本点分析法或本量利分析法，是根据产品的业务量（产量或销量）、成本、利润之间的相互制约关系的综合分析，用来控制成本、预测利润、判断经营状况的一种数学分析方法。一般说来，企业收入＝成本＋利润，如果利润为零，则有收入＝成本＝固定成本＋变动成本，而收入＝销售量×价格，变动成本＝单位变动成本×销售量，企业利润是销售收入扣除成本后的余额；销售收入是产品销售量与销售单价的乘积；产品成本包括工厂成本和销售费用在内的总成本，分为固定成本和变动成本。盈亏平衡分析如图 2－3 所示。

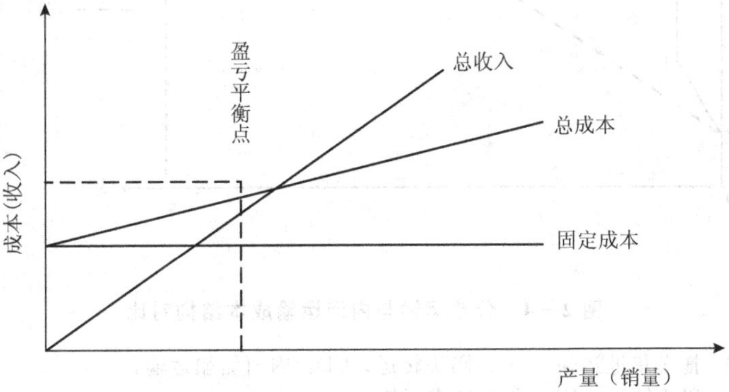

图 2－3　盈亏平衡分析

2.2.2 盈亏平衡分析在内河集装箱运输系统中的应用

在借鉴上节盈亏平衡分析基础上，绘制公路运输与内河运输成本结构图2－4，OA为公路运输和内河运输都要产生的固定成本，主要是集装箱出运前发生的拆装箱、装车等环节发生的成本。公路运输成本与运输距离成正比，内河运输每TEU·km的成本总的来说比公路运输低，因此内河运输成本曲线的斜率小于公路运输成本曲线斜率。另一方面，由于托运人和收货人通常与内河港口有一定的距离，因而采用内河集装箱运输还会产生一些额外成本，即码头转运成本和内陆集疏港成本。短途运输成本中固定成本占有很大比重，因此每TEU·km内陆集疏港运输成本比一般的公路运输成本要高。图2－4表现为内陆集疏港运输曲线斜率大于公路运输曲线斜率。在该图的基础上找到两种运输方式的平衡点，只有当运距超过S时，内河集装箱运输成本将低于公路集

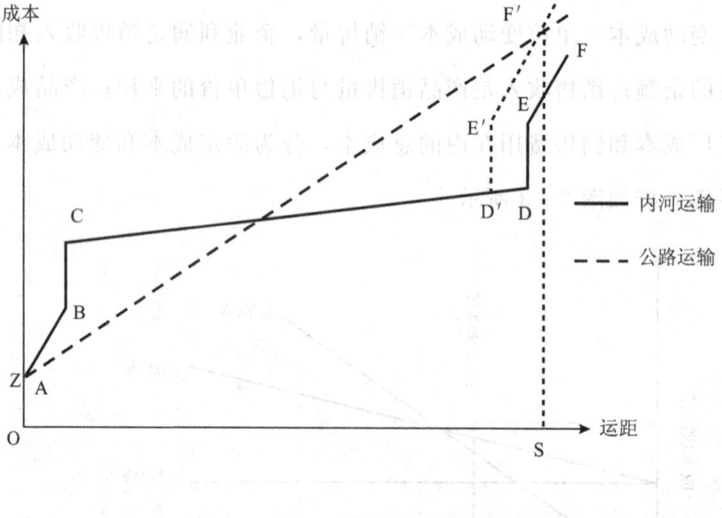

图2－4 公路运输与内河运输成本结构对比

AB：拖车集港运输；BC：码头转运；CD：内河船舶运输；
DE：码头转运；EF：拖车疏港运输

装箱运输成本，才具有相对市场竞争力。

通过对比内河集装箱运输系统与公路直达运输的成本可知，内河集装箱运输要具备与公路运输相比的成本优势是需要前提条件的，通常所说内河运输与公路运输相比具有比较成本优势，仅指内河运输系统中的船舶运输部分，如果加上系统中码头中转和集疏港运输环节成本，则内河集装箱运输未必会有成本优势。目前，主流观点是内河集装箱运输系统是综合运输体系中的短板，这主要是基于内河集装箱运输量在总集装箱运量中所占比重只有不到10%时得出的结论。比重低的原因是适箱货产业距离内河集装箱港口较远，造成内陆集疏港成本较高，再加上码头转运成本致使与能够实现"门到门"运输的公路运输相比不具有竞争力，因此成为短板并不完全是内河集装箱运输系统本身的原因，更多的是受产业布局的影响较大。例如德国莱茵河内河集装箱运输非常发达，主要得益于鲁尔工业区，该工业区位于德国西部、莱茵河下游支流鲁尔河与利珀河之间的地区，紧靠莱茵河，是德国也是全世界最重要的工业区。该工业区以采煤工业起家，随着煤炭的综合利用，炼焦、电力、煤化学等工业得到了大力发展，进而促进了钢铁、化学工业在该工业区的发展，并在大量钢铁、化学产品和充足电力供应的基础上，建立发展了机械制造业，特别是重型机械制造工业、氮肥工业、建材工业等，形成部门结构复杂、内部联系密切、高度集中的地区工业综合体，为大量产业工人服务的轻工业，如服装工业、纺织工业、啤酒工业等也有了很大发展。这些产业都为发展内河集装箱运输提供了充足的货源，带动了莱茵河集装箱运输系统的发展。莱茵河也为沿河地带的工商企业提供畅通、廉价和方便的集装箱"门到门"运输服务，从而也促进了相关产业的发展。

通过对图 2-4 分析，也可以得出内河集装箱运输系统与海运集装箱运输系统的如下差别：

首先，内河集装箱运输系统具有替代性。内河集装箱运输系统的成本结构与海运集装箱运输系统的成本结构相同，只是海运集装箱运输系统中船舶运输距离很长，使集疏运成本和码头中转成本在总成本中所占比重比内河集装箱运输系统要低得多，再加上部分航程没有陆地连接等自然因素，海运方式与内河运输方式相比有不可替代的作用。内河集装箱运输系统船舶运输距离相对较短，且航程都有陆地连接，可替代性强，但是由于内河运输方式中转环节多、时间长，从而增加了运输成本，如果与公路运输相比要具备竞争力，船舶运输航程必须超过一定距离。

其次，内河集装箱运输系统具有自组织特性。由于海港的区位优势和航班密度等原因，在整个系统中存在着一定程度的垄断性，其地位往往要高于另外两个子系统，子系统之间的协调机制往往是船舶运输和集疏港子系统要被动适应于港口子系统，三个子系统之间根本无法形成博弈，构建协调机制无法发挥实质作用。另外海运集装箱运输系统在某种程度上有不可替代性，致使三个子系统之间相互适应较慢，即便出现不协调的现象，系统也不会停止运行，造成海运集装箱运输系统自组织特征不明显，系统协调往往需要外力的配合，这也是现实中港口往往被称为“港老大”的原因。例如上海港一直被集疏运问题困扰，即便该问题上升到国务院的决策层面，也没有得到很好的解决，但是对围绕上海港开展的海运集装箱运输系统的快速发展没有造成太大的障碍。相比之下，内河集装箱运输系统中船舶运输、码头中转和内陆集疏港三个子系统之间地位基本是平等的，每个子系统都不具备垄断性，三个子系统需要协调发展才能保障系统的协调发展，同时三个子系统之间也需要一定的机制来保障整个系统的协调发展，任何一个不协调现象的出现，都可能出现系统运作不下去的状况，因此各子系统之间需要快速的相互适应，否则将被其他运输方式所取代，这关系到系统的生死存亡，所以内河集装箱运输系统内各子系统之间自组织特征非常明显。

最后，内河集装箱运输船舶灵便性更具竞争力。海运集装箱运输系统腹地箱源较多，加上运距较长，通过加大船舶装载能力，适当降低频次，能够有效减低运输成本。相比之下，内河集装箱运输系统腹地箱源相对较少，如果也采取加大船舶装载能力，适当减少频次的策略来降低运输成本，会造成船舶装载率不足，与公路运输相比，竞争力不升反降。因此，内河集装箱运输系统船舶不能一味追求大型化，反而灵便化更具备竞争力。例如，合肥运往上海港的集装箱有四种方案可选：一是公路直达；二是通过小船水运合肥港直接运往上海港；三是公路运至芜湖港上大船运往上海港；四是通过小船运往芜湖港再上大船运往上海港。合肥港由于受到航道限制只能通航 1 000 t 级船舶，与芜湖港万吨级船舶相比竞争力较差，因此开辟合肥至芜湖喂给航线，上大船运至上海港，虽然船舶运输成本下降，但是由于中转环节较多、时间较长、航班频次低，大大增加了转运成本，最后合肥至芜湖航线停航。相比之下，合肥至上海直达的航班，由于批量小、航次多，更具有竞争力，运营效果非常好。所以，我国内河集装箱运输虽然也开展了喂给运输，但是效果都不明显，基本都被挂靠和直达的方式取代。

2.3 国外内河集装箱运输系统发展现状

2.3.1 国外内河集装箱运输系统发展现状

目前，在国外的内河水运网中，只有欧洲西部地区内河航运网、俄罗斯西部内河航运网和北美地区内河航运网采用了集装箱货运方式。

2.3.1.1　西欧内河集装箱运输发展现状分析

在西欧地区是以莱茵河为主干通过天然河流、人工河流构成的庞大内河航道网，并通过塞纳河、卢瓦尔河、罗纳河、易北河、奥得河和多瑙河等通海河流沟通波罗的海、北海、地中海和黑海，形成河海通联的航运体系。在开展内河集装箱运输时，航道、港口、船型配套一致，促进内河集装箱运输发展。

（1）内河航道

西欧地区内河航道的主要特点归纳起来有以下方面：

一是大多数河流的流量都不大，河流季节分布比较均匀，河流比降比较小，航道水流比较平稳，适于开展内河运输。

二是为了开发和提高河流的航运功能，除河流的中下游外，都进行了渠化，各国单独或联合开发建设完成了大量的渠化工程。在德国境内内河的渠化工程主要是采用低坝多级建设方案，渠化工程低坝平均水头 5～9 m，平均迴水长度 8～20 km，有代表性河流上游的渠化工程情况见表 2-2。

表 2-2　德国境内河流渠化工程情况

河流名称	渠化长度/km	梯级数量/个	水头/m	平均每级水头/m	平均每级迴水长度/km
莱茵河	391	35	324.5	9.27	11.17
摩泽尔河	270	14	90	6.43	19.28
内卡河	203	26	150	5.67	7.8
萨尔河	90	6	55	9.16	15

三是修筑许多人工通航运河。通过这些人工通航运河与众多自然河流相通，构成四通八达的“格网状”内河航道网络系统。例如，在德国境内的主要人工通航运河就有莱茵—赫尔内运河、莱茵—多瑙河运河、中德运河、基尔运河、易北—吕倍克运河、易北运河、多德蒙特—埃姆斯运河、威塞尔—达通运河和达通—哈门运河等。这些人工通航运河与莱茵河、多瑙河、易北河和威悉河等天然河流联结成一体，形成方便的内河交通运输网络体系。

四是建立欧洲统一通航标准的内河航道网。莱茵河是欧洲西部地区最大的河流，全长 1 320 km，流经 7 个国家，在荷兰鹿特丹附近入海。该河流通航里程达 1 076 km，其中在德国境内有 695 km，是德国境内最大的河流并有很多其他支流，也是西欧内河航运网最重要的组成部分。德国地处西欧核心地区，也是西欧内河航道网最密集的地区。根据德国国家统计局最近统计，德国内河航道总长达 7 367 km，其中渠化的天然河流 5 525 km，占航道总长的 75%，人工通航运河 1 842 km，占航道总长的 25%，并建有 350 座船闸，包括 4 个升船机。在德国境内的河流，经过 150 多年的渠化和航道整治，共整治通航河道 574 km。在德国境内的内河航道的通航标准，均采用欧洲统一的通航标准。这个通航标准是欧洲经济委员会于 1950 年在日内瓦开会修订的。德国境内通航河流是通过人工运河与天然河流连接起来，构成互相通联的内河航道网，它们的船闸尺度和航道尺度都是按欧洲统一的通航标准开发建设的。

五是建设河海连接、通江达海的航道网。德国的内河航道网是由许多渠化河流、人工河流和天然河流组成。这个以莱茵河为主干组成的航道网，往东可以通过莱茵河与东欧各国内河航道网相通；往西可以通过摩泽尔河与法国内河航道网相连；往北可以与荷兰、比利时内河航道网相接；往南经莱茵河上游与瑞士沟通。因此，以莱茵河为主干的德国内河航道网成为联结欧洲东部与西部以及南部与北部地区内河航道网的中枢，构成四通八达的内河航道网。通过西欧最大的河流莱茵河与塞纳河、卢瓦尔河、罗纳河、易北河、奥得河之间开通的运河，沟通波罗的海、北海、地中海；通过中欧和南欧最大的河流多瑙河与莱茵河连接，形成了著名的莱茵—美因—多瑙河航道，从而将西欧、中欧两条最大的河流连成一体，构成了内河—波罗的海、北海、地中海和黑海四海通衢的通江达海的航道网。

(2) 内河集装箱港口

在莱茵河和美因河等内河上办理集装箱运输业务的主要港口计有杜伊斯堡、杜塞尔多夫、门兴格拉德巴赫、科隆、科布伦茨、美茵兹、法兰克福、曼海姆、卡尔斯鲁厄、路德维布港、斯特拉斯堡、巴塞尔、古斯塔夫堡、弗尔特、日梅尔海姆和埃美利赫等 20 多个。其中杜伊斯堡是全世界最大的内河港口及最大的内河集装箱港口。这些内河集装箱港口主要为莱茵河口荷兰的鹿特丹港和比利时的安特卫普港提供支线喂给运输。

莱茵河水系办理集装箱运输业务港口的码头可分三大类：一是建有集装箱专业化码头的港口，杜伊斯堡、曼海姆、杜塞尔多夫和科隆等上述列名的集装箱港口一般都建有专用集装箱码头。这一类港口集装箱吞吐量较大，码头前沿一般安装有集装箱龙门起重机，进行集装箱装卸船作业或集装箱过驳作业，如杜伊斯堡港集装箱码头就配备了跨距 70 m、负荷量 44 t 的集装箱龙门起重机，它除可同时装卸两艘并排各 11 m 宽的集装箱船（或集装箱驳船）外，还可装卸码头堆场上两条铁路线火车上的集装箱；集装箱码头堆场面积 2 万～3 万 m^2，堆场集装箱作业一般采用大型集装箱叉车、集装箱正面吊运机和集装箱跨运车进行集装箱搬运作业和集装箱堆高作业。集装箱码头均有高等级公路连接，港口集装箱集疏运十分方便。二是建有多用途的码头的港口，这类码头主要建设在内河支流的港口上，码头前沿主要采用多用途门座式起重机进行集装箱装卸作业。三是建有滚装船码头的港口，如杜伊斯堡港就建有滚装船码头，码头岸线长 130 m。一般在距离沿海集装箱枢纽港（不包括英国沿海枢纽港）300 km 范围的内河港口建设滚装船码头。

(3) 内河集装箱运输船舶

目前，航行于莱茵河上主流集装箱运输船舶，其船长为 115 m，船宽 11.4 m，吃水 2.8 m，最大载重量为 3 500 t 级。众所周知，集装箱运输的发展是以标准系列化为前提的，作为内河集装箱运输船舶的标准系列化是十分重要的。随着内河航道的改善，集装箱运量的增加，内河集装箱船型也向大型化方向发展。目前，在莱茵河定期班轮航线上，主要采用三种运输组织形式：一是采用载箱能力为 120 TEU 的机动驳船，开展内河集装箱运输，其主要特点是机动灵活，运输速度快。二是采用大型驳船装运集装箱，组编一推四驳船队营运，其载箱量一般在 460 TEU 左右，组编一拖六驳船队营运，该船队载箱量可达 540 TEU 左右，其主要特点是大大提高了内河集装箱运输效率。三是滚装船运输，代表船型为载重量 2 300 t 级滚装船，该型船装载堆码一层集装箱为 166 TEU 及 3 挂车。若将该型船第二层甲板拆卸下来，可堆码三层集装箱。这种滚装船营运航速 10.5 节，如从事杜伊斯堡至英国波士顿航线营运，航行时间约 30 h，每双周班往返 3 个航次。

2.3.1.2 俄罗斯内河集装箱运输发展现状分析

俄罗斯拥有世界上最大的内河航道网，计有 300 万 km 的河流和大约 2 000 个湖泊，是世界上内河航运较发达的国家之一。在俄罗斯西部地区分布着伏尔加河、第聂伯河、顿河和卡马河以及许多通航运河。以伏尔加河为主干的内河航运网，在俄罗斯内河航运中占有特别重要的地位，其中伏尔加河的通航里程达 1.7 万 km，其运输量占全国内河运输量的一半以上，每年运送 1 亿多 t 的货物。俄罗斯内河集装箱运输也主要集中在伏尔加河水系上，通过伏尔加河为主干的内河航道网与俄罗斯周边沿海海港通连。

（1）内河航道

苏联根据其制定的五海通航的总体规划，以伏尔加河为主干，渠化伏尔加河和卡马河；以伏尔加河—顿河运河沟通顿河和第聂伯河，从黑海、亚速海、里海与内河航道网沟通；通过白海—波罗的海运河和伏尔加—波罗的海运河与伏尔加河干线连通。从而使整个内河航运网沟通北部的白海，西北部的波罗的海，并与南部的黑海、亚速海、里海直接连通。

为实现以伏尔加河为主干的内河航道网络化，主要采取了两个重大措施：一是对主要河流进行渠网化；二是开挖人工运河，沟通天然河流和沿海。以伏尔加河为主干的俄罗斯内河航道网，同以莱茵河为主干的西欧内河航道网一样，开挖了许多运河与天然河流沟通并与沿海航运相连。

综合所述，俄罗斯西部地区内河航道网，是由天然河流、渠化河流和人工运河相互组合为一体、河海通连的航道网络系统。

（2）内河集装箱港口

如今俄罗斯内河主要集装箱港口有莫斯科南港、雅罗斯拉夫尔、加里宁、雷宾斯克、下诺夫哥罗德、彼尔姆、喀山、古比雪夫、萨拉托夫和伏尔加格勒等。这些内河主要集装箱港口与波罗的海的圣彼得堡、亚速海的罗斯托夫、里海的阿斯特拉罕等海港开展江海直达集装箱运输。

俄罗斯内河港口主要是在多用途码头或杂货码头办理集装箱装卸

和运输业务。码头前沿一般采用16～27.5 t和配有自动吊具的40 t门座式起重机装卸船。码头堆场主要采用大型叉车搬运和堆码集装箱。码头一般都铺设有铁路专用线和公路汽车道，集装箱集疏运方便。

(3) 内河集装箱运输船舶

目前，俄罗斯内河开辟了10多条集装箱航线，其中有代表性的河海直达集装箱航线计有：莫斯科—圣彼得堡、伏尔加格勒—圣彼得堡、莫斯科—阿斯特拉罕、莫斯科—罗斯托夫、伏尔加格勒—罗斯托夫和莫斯科—彼尔姆等。在这些河海直达集装箱航线上，投入了30余艘集装箱自航船营运。这些船舶载重量为1 000～2 000 t级，航速为20～28 km/h。

2.3.1.3 北美内河集装箱运输发展现状分析

北美地区虽然拥有庞大而发达的内河航道网，但内河水路是以运输大宗货物为主，内河集装箱运输不占重要地位。北美地区内河集装箱运输集中分布在两条内河运输线上：一是在密西西比河采用分节驳顶推船队运送集装箱，一种船长194 m、船宽35 m的槽型驳船，每节驳船可装载集装箱118 TEU，偶尔采用这种驳船装载集装箱进行运输；二是在注入墨西哥湾的哥伦比亚—斯内克河开展集装箱运输，虽然运输规模不大，但仍坚持采用集装箱运输方式。

总之，在北美地区发达的内河航运网上，内河大宗货物运输十分发达而集装箱运输不发达，只有少量集装箱运输。但是，近来大部分运输专家指出，北美地区有发达的内河航运网，应该很好地发挥其内河航运的优势，发展内河集装箱运输。

2.3.2 国外内河集装箱运输在综合运输体系中的地位和作用分析

2.3.2.1 国外综合运输体系在国民经济和社会发展中的地位和作用

无论是欧洲各国还是俄罗斯和美国，政府都十分重视交通运输在国民经济发展中所起的重要作用，尤其是十分重视综合交通运输体系在国民经济和社会发展中的重要地位与作用。因此，各国都十分重视对综合交通运输体系的建设和发展。综观世界交通运输发展历史，对综合交通运输体系在国民经济和社会发展中的地位与作用的认识有一个漫长的历史过程。世界近代、现代交通运输发展大致经历了 4 个发展阶段：

第一阶段是以水运为主的发展阶段。18 世纪到 19 世纪中叶，世界各国以发展水运为主。

第二阶段是以铁路为主的发展阶段。19 世纪 30 年代到 20 世纪 30 年代，世界各国以兴修铁路，发展铁路运输作为兴国安邦之举。

第三阶段是公路、航空、管道运输崛起的阶段。20 世纪 30 年代到 20 世纪 50 年代，航空运输业和公路运输业尤其是高速公路在发达国家发展迅猛，输油管道在发达国家和产油国家和地区发展迅速。

第四阶段是五种运输方式协调发展的综合运输体系阶段。从 20 世纪 50 年代至今，人们认识到这五种运输方式在技术经济性能上各有其优势和不足，只有调整运输结构使五种运输方式得到协调发展，建立现代化的综合运输体系，充分发挥每一种运输方式的优势，弥补其中的不足，以发挥综合交通运输体系的整体效能，成为国民经济和社会发展的重要支撑。

目前，全球综合交通运输体系朝着现代化、高质量的方向发展，并与国民经济和社会发展协调一致。在国外一般来说，一个国家和地区人均 GDP 达到 1 000 美元时，交通运输才进入综合交通运输协调发展的重要阶段。可见，综合交通运输体系发展与国民经济和社会发展相关联，国民经济发展是综合交通运输体系发展的基础，而交通运输体系的建立和完善又促进国民经济和社会发展。

2.3.2.2 国外内河水运在综合运输体系中的地位与作用分析

在国外综合运输体系的五种运输方式中，西欧和北美的铁路运输曾一度呈萎缩趋势，但随着综合运输体系的建立和日趋完善，尤其是国际多式联运的发展，铁路运输“死里逃生”，形成了与内河水路、公路形成竞争和协作的局面。作为综合运输体系的重要组成部分的内河水运，由于它独有的自然形态特征和优势，使内河水运能与公路、铁路运输竞争而被受重视，其主要的自然形态和优势主要体现在以下方面：

一是利用天然河流整治的航道开展运输不占用土地或少占用土地，尤其是像莱茵河流域地区、伏尔加河流域地区和密西西比河流域地区人口稠密、工商业发达，土地资源利用率已经很高，公路、铁路发展的地域空间越来越小。

二是正因为上述重要河流流域地区工业发达、商业兴盛、人口集聚，环境污染问题越来越突出，减少环境污染，节约土地资源和能源已成为可持续发展的首要问题，发展内河水运是实施可持续发展战略的重要举措。

三是发展内河水运不仅其通过能力大，运输成本低，而且可以保证运输的安全和可靠性。由于目前陆路交通尤其是公路交通的拥挤和事故多发及不可靠性，增加了商业成本，削弱了城市和地区的竞争力。因此，发展内河水运仍然是今后交通运输中必须高度重视的运输方式之一。

以上三个方面作为欧美国家制定未来 20 年交通运输与物流发展战略的新思维、新方法和新政策的主要内容之一，集中反映在西方国家制定的 21 世纪初交通运输与物流发展战略中。

四是开发建设内河航道社会综合效益高。其社会经济效益不仅体现在廉价的水运上，通过梯级开发，还可以灌溉、防洪和发电以及发展水产养殖业。可见，发展内河航运，渠化内河航道，所获得的社会经济效益是其他四种运输方式所不能比拟的。

五是内河航道的开发建设改善了工业的合理布局。沿河设厂，在港口附近建厂，不仅解决了工厂用水的问题，也为工厂进行“门到门”运输提供了条件。德国著名的鲁尔工业区布局在莱茵河畔，美国工业走廊配置于密西西比河流域，俄罗斯重要工业也分布在伏尔加河沿岸地带，从而使内河航运有稳定的基本货流。这种货物流向和运输方式常年不变，并随着工业的发展，其运量逐年增长。

2.3.2.3 国外内河集装箱运输在综合运输体系中的地位与作用分析

国外内河集装箱运输之所以能够与铁路、公路进行竞争，其中又以欧洲莱茵河集装箱运输在与沿河铁路、公路集装箱运输的竞争中取得较大的成功为代表，其主要原因除上述五个方面的环境和条件外，还有以下重要方面：

一是由于集装箱运输最主要的特点和优点是实现“门到门”运输，沿河设厂，形成沿江工业区和沿河经济带，这些沿着江河地带配置的工商企业就是要利用廉价的水运通道进行物资和商品交流。内河水路可以为沿江河地带的工商企业提供畅通、廉价和方便的集装箱

“门到门”运输服务。

二是集装箱船舶载箱能力大。由于航运科学技术的进步，集装箱船一般可以堆放3～4层高的集装箱，提高了船舶运输效益，尤其是在莱茵河斯特拉斯堡下游河段上，所有的跨河桥梁净空高度均超过9 m，为莱茵河集装箱运输提供了方便条件。目前在莱茵河上营运的自航船和标准驳船的载箱能力为90 TEU，大型自航船的载箱能力已超过110 TEU，最大的载箱能力达140 TEU。一顶一的顶推驳船载箱能力可达180～200 TEU。DANSER集装箱航运公司投入使用的LAURENT型整体顶推自航驳，可堆放4层箱高，甲板上可并列排放4层集装箱，其总载箱能力可达288 TEU。装载这一批次的集装箱，相当于4个火车集装箱列车。

三是莱茵河成为沿海集装箱枢纽港尤其是成为位于河口地区集装箱枢纽港集装箱内地集疏运的黄金水道。如以莱茵河为主干的西欧内河航运网已成为鹿特丹港、安特卫普港、汉堡港、不来梅外港、勒阿弗尔港集装箱内地集疏运的黄金水道，它与连接这些集装箱枢纽港的公路、铁路构筑成集装箱内地集疏运系统，为这些集装箱港口提供集疏运服务，尤其是鹿特丹港和安特卫普港集装箱内地集疏运主要采用内河运输方式，成为它们的内河支线运输，内河支线运量也随着集装箱枢纽港吞吐量的增加而增长。

四是内河集装箱货物可以开展跨海的近海或近洋直达运输。如前所述，莱茵河沿线的集装箱货物装载在滚装船上，通过北海的英吉利海峡和多佛尔海峡，开展英伦三岛与欧洲大陆之间的河海直达集装箱运输，从而构筑了陆岛之间的“海上铁路”集装箱运输大通道。这是其他运输方式无法与之比拟的。

2.3.3 促进国外内河集装箱运输发展的有关政策

国外内河集装箱运输得到发展，尤其是西欧以莱茵河为主干的航运网集装箱运输经 50 余年的发展长盛而不衰，主要是制定了有利于集装箱运输发展的政策和措施。

2.3.3.1 制定法律法规，保证内河航运的建设与开发

作为欧洲国际河流的莱茵河水系，其航道的开发建设，是由欧洲经济委员会统一制定航道标准和船型标准及公约，各有关国家都在公约上签了字，形成了能约束各有关国家的法律体系，制定国际法，来保证西欧航运开发建设。1824 年，美国国会制定了密西西比河通航法，开始疏浚整治内河航道。自美国国会通过第一个有关内河航运法律以来的 170 多年里，共颁布了 36 项与水资源开发利用有关的法规，以确保内河航运在水资源开发中必须保证的地位。

2.3.3.2 合理配置交通运输资源，充分发挥内河在综合运输中的作用

如前所述，近几十年来随着科学技术进步和经济社会发展，世界各主要国家十分重视综合运输的发展，讲求发挥每一种运输方式的长处和弥补各自的不足，找到各种运输方式的最佳组合，做到社会交通运输资源的合理配置，尤其是近年来世界各国都在制定和实施 21 世纪可持续发展战略，从充分利用社会自然资源的角度出发，制定了合理的产业政策和统一的交通运输发展规划，保证了内河运输与其他运输方式的协调发展。

2.3.3.3 建立和发展沿河产业、商贸密集经济带，为集装箱运输提供充足的货源

莱茵河沿线的莱茵—鲁尔工业区，以鹿特丹为中心的三角洲工业带，以及莱茵—内卡经济区的发展和繁荣，在一定程度上得益于内河水运中包括内河集装箱运输。同时，沿河经济工业和商贸的发展，又为内河集装箱运输提供了充足的货源。例如，1952～1979 年美国在密西西比河沿线新建和扩建工业企业 1.12 万家，平均每年新增工业企业 400 余个。在其支流俄亥俄河沿线的 93 km 内新建工厂 37 个，平均 2.5 km 就有 1 个。

2.3.3.4 内河水资源开发利用投资政策实行以国家投资为主的多元化投资政策

以德国为例，德国内河水资源归国家所有，由政府负责综合开发利用。内河航道和公共港口基础设施建设由国家负责投资为主，实行国家投资、地方集资、以电养航和发行债券的多元化投融资政策。德国在每个财政年度计划中安排一定比例的投资建设内河航道，其份额基本保持在交通基本建设投资的 10%左右。由于内河航运在可持续发展战略中受到重视，近年来德国向内河的投资有较大幅度增加，但仍不能满足内河建设的需要。因此采用了以国家投资为主的多元化投融资政策。

2.3.3.5 对内河建设采取优惠和扶持政策

德国内河航运与铁路相比发展较快，水运在全国总运量中从 1984 年占 19%上升到目前占 1/4 左右。由于水路、公路、铁路这 3 种运输方式竞争激烈，内河水运面临着发达的公路、铁路网的竞争，政府对

内河水路采取了优惠和扶持政策。

第一，对内河建设资金采取倾斜政策。

德国每年有7亿～8亿马克用于航道、运河和船闸基础设施建设，改由国家投资，也由国家建设，即使像美因—多瑙跨国运河的建设来源于股份投资的，德国也给予无息长期贷款，到2050年还清。

第二，对陆路运输采取某些限制政策，引导内河水运发展。

德国规定干线公路汽车最大载重量不得超过42 t。运距在50 km以上的国内公路运价由国家统一定价，对危险品走陆路也做了强制性的规定，国家对铁路也进行全国统一运价；而对内河水运则可以自己定价。这样，一方面在政策上引导一部分货物从陆路转到内河水运上来；另一方面，增强了水运企业的竞争能力。

第三，鼓励船舶更新的财政政策。

德国规定对新造船舶，由船主向银行贷款，利率为6.5%，给予低息贷款的优惠；国家规定当造船厂的任务不足20%时，国家将予以财政补贴；国家对竞争力较弱的中小航运公司进行财政补贴，鼓励他们更新船舶。

第四，对水运实行税收政策倾斜政策。

为鼓励对环境污染小的内河航运发展，德国政府对船舶运输使用的柴油不需纳税，而国家对铁路使用的燃油则征收燃油税，每年征收铁路运输燃油税约2.5亿马克，并分摊到铁路运输成本中。

第五，欧共体实行统一海关政策和枢纽港自由港政策，减少了海关手续。

德国内河集装箱运输，在欧共体统一海关政策的保护下，同时又在汉堡港和不来梅港实行自由港政策，从而减少了通关手续，使集装箱江海直达、干支直达、跨国运输快捷和方便，从而吸引了许多跨国运输的集装箱货源并吸引各国对自由港区的企业进入和投资。

2.3.4 国外内河集装箱运输发展环境和模式分析

世界上有许多著名的河流，如位于南美洲北部的世界第一大河亚马孙河、位于非洲北部的世界第二大河流尼罗河、位于非洲西部仅次于尼罗河的刚果河，以及位于南美洲的巴拉那河等，都是世界著名的河流。这些河流自然地理条件优越，但没有内河集装箱运输。集装箱运输是现代化货运方式，内河集装箱运输能够得到发展，主要是该地区国民经济和社会发展到一定程度的产物，其次是该地区内河有较好的自然地理环境和条件。这两方面因素的结合，影响着内河集装箱运输发展。

2.3.4.1 国民经济和社会发展及产业布局对内河集装箱运输发展影响的分析

如前所述，国外内河集装箱运输集中在西欧地区、俄罗斯西部欧洲地区、北美东部地区。就全球经济来看，这 3 个地区是世界经济和社会发展程度最高的地区。

西欧莱茵河流域经济布局和工业布局的特点以及社会发展为内河集装箱运输发展提供了有利的经济与社会环境。西欧是第一次产业革命的发祥地，由于自然环境、矿产资源、产业结构、劳动力资源、科技发展水平和投资能力等经济与社会因素的共同作用，以及港口、河流、公路、铁路交通运输方便，在 200 多年来，形成了一条西起英国伦敦向东延伸至欧洲大陆，沿着莱茵河流域扩展到意大利北部的产业带。莱茵河流域人口稠密，商业发达。莱茵河这条黄金水道流经经济发达、人口聚集、工商业繁荣的地区，使莱茵河年货运量约达 2.5 亿 t，相当于德国 20 条铁路的年货运量。可见，莱茵河发达的航运与沿河国民经济和社会发展密切相关，而莱茵河集装箱运输发展是由于沿河经济与社会高度发展和较高的现代化程度给它创造了条件。

以伏尔加河为主干的俄罗斯西部地区内河航道网流域地带，也是俄罗斯国民经济和社会发展的核心地区。伏尔加河流域工业总产值占全国的50％以上、农业产值占全国的30％以上、人口占全国的1/3以上。沿伏尔加河和莫斯科—波罗的海的运河流域形成了圣彼得堡、加里宁、莫斯科、雅罗斯拉夫尔、下诺夫哥罗德、喀山、古比雪夫和伏尔加格勒流域经济区。其中莫斯科周围的中央区集中了全国纺织工业的50％以上，机械工业产值占全国的1/4左右。圣彼得堡工商业仅次于莫斯科，是全国第二大经济区域。以这两大经济区为中心，构成了沿河流域经济带，从而使伏尔加河每年的货运量超过1亿t。也正因为流域经济和社会发展水平较高，人口集聚，为俄罗斯的伏尔加河集装箱运输发展创造了社会经济条件。

美国是工农业高度发达的资本主义国家。其产业主要布局在三个区：一是东北部工业区；二是南部工业区；三是西部工业区。前两大工业区均位于密西西比河流域地区。东北部工业区在全国国民经济和社会发展中占主导地位，其加工工业占全国的60％以上，南部工业区占20％左右。由于密西西比河流域工厂林立、经济十分发达，从而促使密西西比河航运业十分发达，其中以运输大宗货物为主，在哥伦比亚—斯内克河内河集装箱运输得到较快的发展。最近，运输专家纷纷提出建议，在新世纪要充分利用密西西比河开展集装箱运输，以实施可持续发展战略。

通过以上分析我们可以得出重要的结论：一个国家、一个地区国民经济和社会发展程度及现代化水平是内河集装箱运输发展的决定性因素；而内河流域经济布局尤其是产业布局也是影响内河集装箱运输发展规模的重要原因之一。

2.3.4.2 国外自然环境和地理条件对内河集装箱运输发展的影响

自然环境和地理条件对内河集装箱运输也有一定的影响作用。我们仍从莱茵河、伏尔加河和密西西比河所处的自然环境以及地理条件来考察。

(1) 气候对内河集装箱运输发展的影响

欧洲气候具有温和湿润的特征。欧洲西部没有一个地方距海洋超过 700 km 的，是典型海洋性气候，由于受大西洋暖流影响，整个西欧地区更加温暖，一月份平均气温在零摄氏度以上，七月份平均气温在 8～24℃。这种气候温和湿润，雨量充沛，分布均匀，冬季河流不封冻，四季径流量都较大，流量季节变化较小，有利于内河航运和内河集装箱运输的发展。俄罗斯伏尔加河流域属温带气候，通航期长7～9个月。美国密西西比河流域属温带亚热带范围，气候温和湿润，河流水量较大，全年通航，有利于内河航运发展。

(2) 自然地理和人文地理条件对内河集装箱运输发展的影响

位于西欧的莱茵河，全长 1 320 km，为西欧第一大河，著名的国际通航河流。它发源于瑞士东南部的阿尔卑斯山北麓，流经列支敦士登、奥地利、法国、德国和荷兰，在鹿特丹附近注入大西洋北海。流域面积 25 万 km^2。左岸支流有阿尔河、摩泽河等；右岸支流有美因河、鲁尔河等。上游主要靠冰雪融水补给，夏季水量丰富，中游是融水、雨水混合补给，秋冬两季水量较大。全年水量充沛、均匀，排入海水量约 79 km^3；中下游流经欧洲平原地带，水流平缓，十分有利航运。莱茵河从巴塞尔起通航里程 886 km。科隆以下可通航 5 000～7 000 t 级集装箱海轮。开挖多条运河与多瑙河、塞纳河、罗纳河、马恩河、埃姆斯河、威悉河、易北河等天然河流相通，沟通北海、波罗的海、地中海和黑海，构成四通八达的水运网。以莱茵河为主干，建成了莱茵—美茵—多瑙河航道后，又与东欧航道沟通，把西欧与东欧部分航道连接起来，形成著名的欧洲航道网，使它成为世界上目前对水资源及航运利用最充分的河流之一，也成为世界上内河集装箱运输最发达的地区之一。总之，以莱茵河为主干的西欧内河航运网气候温和湿润，全年水量充沛；中上游已经渠化；中下游流经平原地带，水流平缓；有众多运河与天然河流相连，并与海洋沟通，构成四通八达的航运网，加之流域地区经济和社会发展程度较高，是该地区成为内河集装箱运输发展的要因。而伏尔加河和密西西比河也有与莱茵河相似之处。

(3) 国外内河外贸、内贸集装箱运输情况分析

由于国情的不同，各有关国家发展内河外贸、内贸集装箱运输的情况也不尽相同。西欧全长 1 320 km 的国际河流莱茵河，其流经瑞士、列支敦士登、奥地利、德国、法国和荷兰等国家，沿海集装箱枢纽港如鹿特丹港、安特卫普港等以提供集疏运服务为主，内河集装箱运输的主要是外贸物资。由于国家面积较小，运距短，内贸货物一般采用汽车运输。俄罗斯则不同，由于伏尔加河主要在俄罗斯境内，苏联时期的内河集装箱运输几乎是为内贸货主提供服务，一般是采用小型集装箱装载内贸货物开展水铁集装箱联运。自 20 世纪 90 年代以来，俄罗斯开始采用 20 英尺（1 英尺≈0.3 m）和 40 英尺国际标准集装箱装运货物；同时逐步重视开展江海直达集装箱运输业务。可见，俄罗斯内河集装箱既装运内贸物资也装运外贸物资。

2.3.4.3 国外内河集装箱运输的主要功能分析

北美地区密西西比河内河集装箱运输不发达，功能不显著。内河集装箱运输功能主要体现在西欧莱茵河水系上，其主要功能概括如下：

一是为外贸企业提供内河国际集装箱运输服务；

二是为沿海集装箱枢纽港提供内河集疏运服务；

三是为海上干线集装箱运输船舶提供支线运输服务；

四是为货主提供江海直达集装箱运输服务；

五是为沿河工业区、流域经济带的发展提供内河集装箱运输服务；

六是为内河集装箱集疏运的沿海集装箱枢纽港保税区、临港工业区和临海工业区提供服务；

七是为集装箱货物提供装卸、储存、保管、分理和配送等服务；

八是为内河集装箱运输提供通信、信息和监控服务；

九是为内河集装箱运输提供过境、出入检验检疫以及银行结算、信贷和保险等服务；

十是具有其他功能。

俄罗斯伏尔加河集装箱运输在不同程度上也具有西欧莱茵河集装箱运输的某些功能特点。此外，俄罗斯伏尔加河集装箱运输还有一个重要功能，那就是内河集装箱水铁联运功能。

2.3.4.4 国外内河集装箱运输发展模式和发展趋势分析

在50多年间，国外发达地区内河开展内河集装箱运输已形成了较成熟的模式。随着经济全球化进程加快和区域经济一体化的发展及科学技术的进步，国外内河集装箱运输尤其是西欧莱茵河集装箱运输的发展，在内涵和外延上又赋予了它新的内容，现将其发展的主要模式和趋势论述如下。

(1) 与铁路、公路运输方式有较明确的分工

为减轻卡车运输对大气的污染和节约发展陆上运输所占用的土地资源，鼓励采用水运。经欧洲各国有关部门研究，在200 km范围内

以公路运输方式为主，200～400 km以铁路运输为主，400 km以上以内河航运为主。目前莱茵河从北海集装箱枢纽港至上游1 000 km的运距范围内开展了集装箱运输。

(2) 开展内河支线集装箱运输

始发和挂靠大西洋北海沿岸鹿特丹、安特卫普、汉堡、不来梅外港和勒阿弗尔等集装箱枢纽港远洋干线集装箱船，都采用发达的西欧内河航运网，开展内河集装箱支线运输，为干线集装箱船提供箱运量。

(3) 开展江海直达集装箱运输

随着区域经济的发展，区域经济一体化进程的加快，地区各国之间经济贸易往来越来越密切，欧洲大陆与英伦三岛之间通过江海直达集装箱船包括滚装船，开展了欧洲大陆内河港口至英国沿海集装箱港口之间的江海直达集装箱运输。此外，俄罗斯通过以伏尔加河为主干线的五海通衢内河航运网，使得江海直达集装箱运输也有所发展。

(4) 干支直达内河集装箱运输发展较快

随着经济布局和工业布局从干线流域向支线延展，以及对内河渠化工作力度的加大，干支直达内河集装箱运输得到了较快的发展。其中干流莱茵河—支流美因河干支直达集装箱运输、干流伏尔加河—支流卡马河的干支直达内河集装箱运输就是最突出的例子。

(5) 内河集装箱运输成为沿海国际集装箱枢纽港主要集疏运方式之一

连接西欧沿海国际集装箱枢纽港的内河、铁路、公路组成港口集装箱内地集疏运系统，共同承担沿海国际集装箱枢纽港内地集疏运任务。例如，每天在莱茵河都有集装箱班轮往来鹿特丹、安特卫普和汉堡国际集装箱枢纽港与莱茵河沿岸集装箱港口之间；同时，在平行于莱茵河的铁路上，每天平均有“绿网”集装箱火车列车和“红网”集装箱火车列车开行于沿海国际集装箱枢纽港与内地集装箱办理站之间。由这三种运输方式组成沿海国际集装箱内地集疏运系统。

(6) 开展内河集装箱与铁路联运业务

由于俄罗斯国土面积辽阔，铁路运输比较发达。苏联时期，内河集装箱与铁路联运已有一定基础，根据国情的特点，水铁联运集装箱运输业务将会得到进一步发展。近年来，西欧也开始重视铁路运输，集装箱水铁联运业务也有较大的发展。

(7) 集装箱船型标准化、系列化，营运组织多样化

无论是莱茵河，还是伏尔加河和密西西比河集装箱船型已标准化、系列化，其中以西欧莱茵河集装箱船标准化、系列化最引人注目。由于以莱茵河为主干的航运网布局于欧洲 10 多个国家，没有船舶的标准化、系列化，就无法实现国际的通航，更谈不上提高船舶营运效率。因此，著名的欧洲内河船型标准系列被制定出来。它与欧洲航道标准相适应。

西欧莱茵河航运网集装箱班轮主要采用了三种运输组织：集装箱自航驳（船）、集装箱驳船队和滚装船运输。其中以集装箱自航驳（船）为主，其载箱能力一般在 90～144 TEU。

(8) 采用多种专业化码头模式

以西欧莱茵河为代表，与载运集装箱的船舶相适应，主要有三种码头模式：一是集装箱专用码头，这种专业化集装箱码头一般配置于莱茵河中下游沿岸集装箱吞吐量较大的港口，集装箱专业化码头岸线一般配备岸边式集装箱起重机或岸边桥吊；二是滚装船码头，它们也是主要布局于莱茵河中下游港口；三是多用途码头，它们主要建于莱茵河中上游港口属支流港口，这类码头集装箱吞吐量较小，码头岸线一般配备多用途门座式起重机。

2.3.5 国外内河集装箱运输发展的一般规律、主要特点和可借鉴的经验

通过对西欧莱茵河航运网、俄罗斯伏尔加河航运网和北美密西西比河航运网尤其是莱茵河航运网集装箱运输发展现状、发展环境及发展模式的分析，我们可以掌握国外内河集装箱运输发展的一般规律和主要特点，并有许多可以借鉴的经验。

2.3.5.1 国外内河集装箱运输发展的一般规律分析

综观全球内河集装箱运输的产生和发展，是遵循客观规律的。也就是说，要适应社会、经济和自然环境。

(1) 内河集装箱运输的产生和发展要与经济发展相适应

集装箱运输是经济高度发展的产物，必须遵循经济发展规律。如前所述，亚马孙河、尼罗河和刚果河自然条件很好，水资源丰富，但经济发展还没有达到很高的程度，所以内河集装箱运输没有发展起来。我国虽然在20世纪70年代初就在长江试办内河集装箱运输，但集装箱运输一直发展不起来，直到20世纪90年代末，尤其是跨入新世纪，我国经济持续稳定高增长，成为世界六大经济体之一，特别是长江、珠江流域经济快速发展，使这两条内河集装箱运输快速发展起来。西欧、北美地区经济发达，俄罗斯伏尔加河流域经济也具相当规模，从而使西欧莱茵河水系内河集装箱运输长盛不衰，伏尔加河、密西西比河内河集装箱运输也获得不同程度的发展。这说明内河集装箱运输的发展无不取决于该地区经济发展水平，即要遵循经济发展规律。

(2) 内河集装箱运输的发展要与社会发展相适应

莱茵河干线流经欧洲6国，以莱茵河为主干的欧洲内河航运网沟通欧洲10多个国家，莱茵河集装箱运输主要是跨国运输，西欧内河集装箱运输得到发展，其中的一个重要原因就是有关国家大协作的结果，在欧盟的组织领导下，制定了统一的航道标准和船型标准系列及简化海关手续等一系列促进内河集装箱运输发展的政策措施。伏尔加河和密西西比河集装箱运输的发展同样也受到政府和社会各界的支持。所以内河集装箱运输的发展也要与社会发展相适应，要遵循社会发展规律。

(3) 内河集装箱运输的发展要有一定的自然条件

西欧莱茵河地处暖温带，气候温和，雨量充沛，河流水资源丰富；中下游流经平原地带，水流平缓，河流比降较小，有利于集装箱船舶航行。密西西比河、伏尔加河也有类似的自然条件。而俄罗斯的勒拿河、鄂毕河、叶尼塞河和我国黑龙江地处高寒地区，河流封冻期半年以上，将影响内河航运包括内河集装箱运输的发展。可见，内河集装箱运输发展又受到自然因素的促进或制约。因此，内河集装箱运输发展又要与自然环境相适应，也就是说要遵循自然条件客观规律。

2.3.5.2 国外内河集装箱运输发展的主要特点分析

国外内河集装箱运输区别于公路、铁路集装箱运输的主要特点，可归纳为以下几点。

(1) 开展河海直达集装箱运输

如前所述，无论是在西欧莱茵河还是在俄罗斯伏尔加河，组织河海直达集装箱运输，成为内河集装箱运输重要的运输组织形式之一，这种运输组织形式与河海联运相比，减少了中转环节并加快了集装箱货物运送，可提高运输效率，获得较好的经济效益。

（2）采用集装箱自航驳（船）运输为主，滚装船运输、集装箱驳船队相结合的营运组织方式

西欧莱茵河水运网普遍采用这三种营运组织方式。在全流域主要采用集装箱专用自航驳（船）装载集装箱，机动灵活穿行于西欧内河水运网。科隆以下的莱茵河下游区段可航行 7 000 t 级集装箱自航船。在莱茵河中下游采用滚装船和集装箱驳船队运输，以提高集装箱载运量。滚装船装载的集装箱、集装箱拖车和其他卡车可以从事英国至西欧大陆的跨海（峡）运输。

（3）组织集装箱水铁联运

俄罗斯欧洲地区铁路网发达，俄罗斯幅员广阔，而内河水运和铁路合理运距比较长，适合开展长距离的集装箱水铁联运。苏联时期，集装箱水铁联运已有比较好的基础，随着俄罗斯经济复苏，根据俄罗斯国情特点，预计伏尔加河集装箱水铁联运将有较大的发展。

（4）根据不同航运区域特点和集装箱吞吐量建设集装箱码头、配备装船机械

西欧莱茵河中下游主要港口集装箱吞吐量较大，货源充足，并且水流量较大和水流平缓，一般建议发展集装箱专用码头，码头前沿装卸船起重机主要有两种：一是岸边式集装箱起重机，二是桥式起重机。同时，在其中下游建设发展滚装船码头和相适的堆场设施。莱茵河上游和支流，一般建议多用途码头，主要采用多用途门机或门座式龙门起重机装卸集装箱船。

2.3.5.3 国外政府在发展内河集装箱运输方面采取的政策措施

西欧莱茵河水运网、俄罗斯伏尔加河水运网、北美密西西比河水运网航运和集装箱运输的发展离不开政府及政府间政策的引导、规范

和支持。

(1) 制定法律法规，保证航运开发

西欧莱茵河水系航道的开发建设，由欧洲经济委员会统一制定航道和船型标准，与各主要国家签订公约，形成配套的国际和国家法律体系，经过几十年的开发建设，形成统一水深、统一闸坝、统一船型的现代化航道网。

早在1824年，美国国会制定了密西西比河通航法规，开始疏浚和整治航道。1879年美国国会要求建立1.35 m水深的通航系统。1896年，国会要求将大密西西比河一段整治成水深2.74 m、航宽76 m。20世纪90年代初，国会要求将上述河段加深至3.66 m，航宽91 m。1930年，国会要求将上密西西比河疏浚至2.7 m，经过100多年的开发建设，至1968年，才将此河段疏浚到了3.66 m。自美国国会通过第一个有关内河航运的法律以来，共颁布与水资源开发有关的法规36件，以确保内河航运在水资源开发建设中的地位。

(2) 统一规划，综合利用水资源

欧洲内河航运网是通过欧洲经济委员会制定的统一规划和标准来实现欧洲内河航运网通航尺度和船型标准化的，以达到内河航运高效化和航运效益最大化的目的。1933年，美国组建了田纳西流域管理局，除负责流域航运和防洪外，还通过发电、开矿和造林等有效措施，解决了资金互补问题，不仅使水资源得到了充分利用，还大大促进了流域经济的高速发展，用了半个世纪时间，将这块较落后的地区发展成经济发达、环境优美的绿洲。苏联欧洲部分内河航道网的开发和建设，是由部长会议下设的内河部制定的中长期发展规划，由各联邦政府通过每个五年计划分期实施，在河流开发中注意了北水南调的跨流域引水规划，远景将北部河水纳入伏尔加河，以便进一步改善里海水位下降和亚速海水质等问题。

(3) 国家财政投入为主，多渠道融资

1978年前，美国内河建设和维护费用一直由联邦政府承担，通过陆军工程兵团进行财政拨款和建设管理。到20世纪70年代，由政府投入100多亿美元基本建成世界上最发达的内河航运网络以后，才开始采用征收船舶燃油税，建立内陆水道信托投资基金、贷款和发行债券等融资方式。但国家投资仍是最主要的资金来源。德国内河水资源归国家所有，由政府负责综合开发利用。内河航道和公共码头基础设施建设由国家投资，如果在内河航运开发建设资金不足时，则采用地方集资和以电养航以及发行债券等筹资措施。

(4) 制定产业政策和技术经济政策，引导流域经济和水运发展

美国和西欧主要国家通过制定产业政策引导流域经济发展，经过几十年的发展，使密西西比河流域成为人口密集、经济发达、工厂林立、商业繁荣的著名“工业走廊”。同样莱茵河流域的莱茵—鲁尔工业区、莱茵—内卡经济区，以及以鹿特丹为中心的三角洲工业带的兴起，一方面是通过产业政策引导，另一方面是得益于水运。进入21世纪，由于世界各国都在实施可持续发展战略，这种产业政策又得到进一步强化。其中包括对陆路运输的某些限制政策，如国家通过公路运价政策，特重件和危险品货物必须走水运等政策都给内河水运的发展带来契机。

(5) 对运输市场采取调控政策

为了实施可持续发展战略，充分利用内河水运的优势，减轻汽车对大气的污染，经欧洲各国有关部门研究，在欧洲地区200 km以内的近距离要采用卡车运输，400 km以上的远距离运输必须采用对环境负担小运能大的船舶运输。诚然，各种运输方式合理分工必须根据各国国土面积、运输线路技术条件和经济布局等多种影响因素而有所差别，但欧洲对各种运输方式间的合理分工作出规定，可供我们借鉴。

2.4 我国内河集装箱运输系统发展现状

2.4.1 我国内河集装箱运输系统发展现状

2.4.1.1 我国内河集装箱运输主要船型

目前有多种经济成分的船公司参与内河集装箱运输市场竞争，促进了内河集装箱运输业的发展，但是在航的各种船型混杂，其中专业的标准化集装箱船型见表2－3。

表2－3 我国内河集装箱标准化船型

航道等级	参考载箱量/TEU	总长/m	总宽/m	吃水/m	备注
Ⅰ	181～255	112	15.8	3.0～4.0	
	180～125	87	15.8	3.5～4.5	
	96～120	67.5	12.8	2.6～3.2	
Ⅱ	131～180	87	15.8	2.6～3.6	
	114～151	87	12.8	2.8～3.8	
	74～100	67.5	12.8	2.0～2.7	
Ⅲ	33～54	62.5	9.6	1.6～2.4	
	20～46	55	9.6	1.6～2.4	
	54～80	49.9	12.8	2.4～3.0	仅适用于珠江水系港澳线
Ⅳ	23～41	62.5	9.6	1.3～1.9	
	20～36	55	9.6	1.6～1.9	
	14～20	49.9	6.5	1.3～1.6	
	33～42	46	9.8	1.6～2.5	仅适用于珠江水系港澳线

资料来源：文献［131］。

2.4.1.2 我国内河集装箱港口布局

到2013年年底，我国开办集装箱运输业务的主要港口有41个，其中长江水系27个，珠江水系14个。港口集装箱吞吐量为2 021.9万TEU，其中长江水系1 448万TEU，占总量的71.6%；珠江水系573.9万TEU，占总量的29.4%。

(1) 长江水系集装箱港口布局

长江水系主要集装箱港口布局可分为上游港口、中游港口、下游港口和长江三角洲港口及长江支流港口5个片区，每一个片区具体包括的港口如下。

长江上游集装箱港口：长江上游集装箱港口指重庆、泸州、宜宾、荆州、宜昌等5个主要港口，2013年集装箱吞吐量完成136.4万TEU。

长江中游集装箱港口：长江中游集装箱港口指武汉、黄石、九江等3个主要港口，2013年集装箱吞吐量完成107.1万TEU。

长江下游集装箱港口：长江下游集装箱港口指安庆、铜陵、芜湖、马鞍山、南京、镇江、扬州、泰州、江阴、苏州、南通11个港口，2013年集装箱吞吐量完成1 125.6万TEU。

长江三角洲地区集装箱港口：长江三角洲集装箱港口指无锡、常州、杭州、嘉兴、湖州等港口，2013年集装箱吞吐量完成40.6万TEU。

长江支流集装箱港口：长江支流集装箱港口主要有湘江的长沙、岳阳，赣江的南昌等港口，2013年集装箱吞吐量完成38.3万TEU。

(2) 珠江水系集装箱港口布局

珠江水系主要集装箱港口可分为珠江三角洲港口、西江干流港口和珠江支流三个片区，每个片区具体包括的港口如下。

珠江三角洲集装箱港口：珠江三角洲主要集装箱港口有番禺、新塘、五和、中山、佛山、江门、虎门、肇庆、惠州9个港口，2013年集装箱吞吐量完成518.1万TEU。

西江干流集装箱港口：西江干流集装箱港口主要有南宁、贵港、梧州3个主要港口，2013年集装箱吞吐量完成51.3万TEU。

西江支流集装箱港口：西江支流集装箱港口目前主要是来宾港、柳州港2个主要港口，2013年集装箱吞吐量完成4.5万TEU。

2.4.1.3 我国内河航道概况

2013年，全国航道通航总里程为131 279 km。其中：内河等级以上航道为65 953 km，占通航总里程的50.2%；Ⅴ级以上航道为20 505.68 km，占通航总里程的15.6%。

长江水系通航里程总计71 256.4 km，其中Ⅲ级及以上航道3 921.3 km，Ⅳ级航道3 134.0 km，Ⅴ级航道4 097.9 km，Ⅵ级航道10 626.4 km，Ⅶ级航道8 163.9 km。分片区航道里程及等级情况见表2-4。其中，长江干线航道自水富至长江口长2 838 km，其中宜昌以上为上游，宜昌到湖口为中游，湖口以下为下游。三峡工程正常蓄水后，回水可至江津红花碛，涪陵以下成为常年回水段后，航道条件有了根本改善。近年来，长江干线航道各区段相继实施了多项航道整治、疏浚等建设工程，使长江干线部分航道维护尺度不断提高，航行条件日益改善。目前，长江干线除水富—宜宾段30 km为Ⅴ级航道标准外，其他河段航道等级均在Ⅲ级以上。

表 2-4 长江水系分片区航道基本现状表 km

省(市)		合计	航道等级						等外
			小计	Ⅲ及以上	Ⅳ	Ⅴ	Ⅵ	Ⅶ	
长江干线		2 838	2 838	2 808		30			
上游	小计	12 406.5	5 638.06	0	768.3	1 333.6	1 742.7	1 793.46	6 768.46
	云南	891	715		17	110	365	223	176
	贵州	1 972.8	979			264.0	302.0	413.0	993.8
	四川	5 999.4	2 804.4		656.3	651.6	949.5	547	3 195
	重庆	3 543.3	1 139.7		95.0	308.0	126.2	610.5	2 403.7
中游	小计	25 959.2	10 774.3	945.8	1 069.8	1 356.4	4 744.5	2 657.7	15 184.9
	陕西	524	396				298.0	98.0	128.0
	湖南	11 968	2 994	617	342	485	1 550		8 974
	湖北	7 467.7	4 925.3	172.8	727.8	657.4	2 079.5	1 287.7	2 542.4
	河南	439.5	188.0				76.0	112.0	251.5
	江西	5 560	2 271	156		214	741	1 160	3 289
下游	小计	30 052.7	10 693.2	167.5	1 295.9	1 377.9	4 139.2	3 712.74	19 359.5
	安徽	2 748.2	2 223.2	78.2	61	323	1 117	644	525
	江苏	15 267.3	3 490.6	60.7	276.4	475.3	1 168.0	1 510.2	11 776.7
	浙江	9 971	4 335		835	516	1 559	1 425	5 636
	上海	2 066.3	644.4	28.6	123.5	63.6	295.2	133.5	1 421.8
总计		71 256.4	29 943.5	3 921.3	3 134.0	4 097.9	10 626.4	8 163.9	41 312.9

资料来源：文献［132］。

珠江水系内河航道现有通航河流 905 条，通航里程 15 552 km，分为高等级航道、区域重要航道和一般航道三个层次。其中，西江航运干线等 22 条总长 3 174 km 的航道为国家高等级航道，北江等 21 条总长 2 629 km 的航道为区域重要航道，连江等 24 条总长 1 259 km 的航道为一般航道。航道里程 7 062 km，占珠江航道通航里程的 45.4%。

珠江水系内河航道布局以“一横一网三线”国家高等级航道为核心，以区域重要航道为基础，以一般航道为补充，远景视需要适时研究开掘平陆、赣粤、湘桂运河的可能性，形成与区域经济社会和综合运输发展相协调，干支相通、通江达海的珠江水系航道体系。规划航道布局中的“一横”为西江航运干线（南宁至广州），“一网”为珠江三角洲高等级航道网，“三线”为右江（剥隘至南宁）河段、北盘江一红水河（百层至石龙三江口）河段和柳江一黔江（柳州至桂平江口）河段。

丰富的内河资源和高等级航道为我国内河集装箱运输系统发展创造了良好的支撑条件。

2.4.2 我国内河集装箱运输系统发展存在的问题

通过对我国内河集装箱运输发展的现状进行分析，结合国外发展可借鉴的经验和内河集装箱运输系统本身的特点，我国内河集装箱运输系统发展存在如下主要问题。

(1) 内河集装箱运输系统优势由于产业布局原因没有得到充分发挥

内河集装箱运输系统是综合运输体系的重要组成部分，但在经济社会发展和构建资源节约及环境友好型社会方面的作用没有得到充分发挥。以沿长江的重庆、四川、湖北、湖南、江西、安徽六省市为例，该六省外贸集装箱运输主要通过上海港、南京港、苏州港等港进出，这些省份至进出港口的集疏运距离都达到了内河集装箱运输系统可以发挥优势的长度，然而各省市外贸集装箱运输需求通过内河集疏运的比重仅仅分别为44%，6%，65%，12%，18%和23%，其余大部分都是通过公路集疏运方式，主要原因除了基础设施与运输组织不完善以外，其产业布局也不利于内河集装箱运输系统优势的发挥。以上六省市外贸集装箱内河集疏运情况见表2-5。数据显示，以上六省市中，四川省内河集装箱运输系统与经济社会发展的需求差距最大，湖北省和重庆市较好，得益于其长江中游航运中心和长江上游航运中心的定位，内河集装箱运输基础设施得到快速发展，所以集装箱运输发展较快，发挥的作用较大，并且还有较大的发展空间。此外，以上六省市沿长江主要港口集装箱通过能力为390万TEU，实际完成集装箱吞吐量280万TEU，利用率仅为72%。一方面，基础设施、运输组织无法满足经济社会发展的需求；另一方面，也由于产业布局的原因使现有的基础设施能力没有得到充分的利用。

表2-5　6省市外贸集装箱内河集疏运情况表

省　市	需求/万TEU	内河/万TEU	比重/%
重　庆	61	27	44
四　川	36	2	6
湖　北	60	39	65
湖　南	39	5	12
江　西	68	12	18
安　徽	96	22	23

资料来源：经海关数据和全国交通统计资料汇编整理。

随着土地价格、燃料价格不断上涨和环境保护问题日益得到重视，内河集装箱运输系统与公路运输系统相比应当发挥更大的作用，而我国内河集装箱运输系统与公路运输系统竞争最短的经济运输距离大约在 200 km 以上，与内河集装箱运输发达的欧洲地区相比，其经济运距已经缩短到 100 km 以下，特殊区域甚至已经达到了 15 km[134]。因此，我国内河集装箱运输系统尚未发挥出其应有的优势，不能适应我国构建资源节约和环境友好型社会的要求。

(2) 内河集装箱运输系统配套支持保障系统不完善

由于我国内河集装箱运输起步较晚，大部分内河港口集装箱运输规模不大，港口各自开发建立了单一的集装箱码头业务系统，造成不同码头业务系统之间的信息交流不畅、不协调、不统一。由于码头业务系统的不同，各港口的经营人使用的集装箱运输单证种类繁多，商务流程复杂，许多单证不符合国际标准，且多采用纸质单证和手工数据处理，差错率高。

在口岸环境方面，目前各地海关和商检部门大多是五天工作制，节假日需提前预约，监管服务落后，造成周六和周日内河集装箱运输中外贸集装箱货物不能及时通关，既影响了班轮发船时间，又影响港口集装箱通过能力。部分口岸查验程序烦琐，手续复杂，出口集装箱开箱查验率过高，出口货物单证回执速度较慢等，影响了货主就地通关的积极性，致使货主舍近求远，利用铁路、公路运往沿海港口出关，分流内河集装箱货源，浪费了内河集装箱运输资源。

(3) 内河集装箱港口与内河航道建设进度不匹配

内河航道属于国家公共基础设施，航道建设属于公益性基建项目，近年来由于我国提出构建资源节约和环境友好型社会，内河运输因为具备占地少、单位能耗低、污染物排放少的优势，所以国家对内河航道投入较大。“十一五”和“十二五”期间，国家对内河航道共计投资800亿元左右，内河高等级航道达到1.9万多千米，其中三级及以上航道1.43万km，四级航道4 800 km，分别占75%和25%。然而，港口码头往往是企业经营项目，一般应由企业投资建设，许多企业为了各自的生产需要，建造自备码头，生产能力低下，运输品种单一。因此，经过近年来大规模的航道整治建设，航道基础设施条件取得了明显改善，但内河港口码头还普遍存在规模小、分布散，设施设备简陋，技术管理水平落后等问题。由于绝大多数码头均为专用“企业码头”或“货主码头”，这种码头以满足自身需求为前提，没有公共服务能力，运营效率低下，设施与装备简陋，缺乏竞争力，但却占用了大量的岸线资源，港口发展集装箱运输受到了极大的限制。

(4) 内河集装箱运输船舶标准化程度较低

当前，内河集装箱运输进入市场的门槛较低，导致现有的集装箱船舶大多是旧的杂货船、散货船、客船改造的，这些船舶设施老化、航速慢、航行性能差、箱位不配套、技术水平差，集装箱运输成本高。从而造成航道和船闸拥挤，进而影响运输时间和经济效益。因此，内河集装箱运输在航道基础设施、港口码头基础设施硬件条件完善的前提下，还需要重视船舶标准化的问题。虽然目前正在推进船舶标准化的相关工作，但是船舶标准化的核心问题其实是船舶的大型化，当船舶达到一定的规模，内河集装箱航运的效率才能得到充分发挥。

(5) 内河集装箱港口基础设施较差

现有内河集装箱专用港口较少，技术装备相对落后，装卸效率低下，部分港口集装箱装卸能力不足，集装箱船舶排队时间较长，港口集装箱装卸工艺落后，成本过高。集装箱货运站与码头、堆场三位一体，依附于港口经营人，缺少向内陆延伸、布局合理的集装箱货运站，专业服务水平低。

(6) 内陆集疏港环节与城市发展不协调

内陆集疏港成本占内河集装箱运输系统的比重较高是内河集装箱运输系统的特点之一，内陆集疏港通道不完善会直接导致内河集装箱运输系统的竞争力下降。而现实中，由于产业布局原因，使内陆集疏港距离往往较长，不但降低了内河集装箱运输系统的竞争力，还导致了城市的交通拥堵。此外，集疏港通道势必占用大量土地资源，不利于城市的可持续发展。

2.5 本章小结

本章首先利用系统理论，给出内河集装箱运输系统的内涵；利用经济学理论，分析内河集装箱运输系统特点；在借鉴国内外内河集装箱运输系统发展经验的基础上，分析我国内河集装箱运输系统的现状，并总结存在的问题。主要结论如下：

第一，内河集装箱运输系统由内陆集疏港运输、码头中转、船舶运输三个子系统构成；每个子系统又由线路基础设施、运输节点设施、运输移动设备和运输软件四个要素构成。

第二，在经济学理论基础上，分析内河集装箱运输系统与公路运输相比具备竞争力的前提条件，揭示内河集装箱运输系统竞争力的机理，得出内河集装箱运输系统是综合运输体系中的短板并不完全是内河集装箱运输系统本身的原因，更多的是受产业布局的影响较大。

第三，内河集装箱运输系统与海上集装箱运输系统相比，船舶运输距离差距较大，使港口转运和集疏港环节以及各环节之间的协调问题对整个内河集装箱运输系统的竞争力影响较大。

第四，我国内河集装箱运输系统发展存在着不同层次的问题：包括与外部的经济社会发展不适应的问题；子系统之间存在港口与航道建设不匹配的问题；由于支持保障系统不完善造成子系统之间不协调的问题；子系统内部船舶标准化程度较低、港口基础设施较差、集疏港与城市发展不协调等问题。

3 内河集装箱运输系统协调发展理论框架体系研究

内河集装箱运输系统协调发展具有很重要的意义，在协调理论的基础上，研究内河集装箱运输系统发展存在的问题如何影响其协调发展，有利于进一步了解和掌握内河集装箱运输系统的发展规律，为促进内河集装箱运输系统协调发展提供理论支撑。

3.1 相关协调理论研究及启示

3.1.1 系统论理论及启示

(1) 系统的内涵

系统（system）一词来源于拉丁语的“systema”，表示群、集合等。1937年美籍奥地利理论生物学家冯·贝塔朗菲第一次将系统作为一个重要的科学概念予以研究，认为“系统的定义可以确定为处于一定的相互关系中并与环境发生关系的各组成部分（要素）的总体(集)”[135]。学者 Hartmut Bossel 指出：系统通过输入和输出与外部环境实现物质和信息交流，并通过这种循环往复的过程，整个系统得以维持自身的生存与发展；系统的生存性由系统和环境共同决定，对于系统而言，只有在其结构及功能与其所处环境相适应的情况下，系统才是可持续发展的，环境对系统发展具有导向性作用[151]。我国系统科学界对系统一词较通用的定义是：系统是由相互作用和相互依赖的若干组成部分（要素）结合而成的、具有特定功能的有机整体，而这个系统本身又是它所从属的一个更大系统的组成部分[136]。在这个定义中指出了作为系统的三个基本特征：第一，系统由两个或两个以上的要素（或部分、元素、子系统）所组成；第二，要素与要素之间相互作用、互相依赖；第三，由于元素间的相互作用，使系统作为一个整体具有特定的功能。

(2) 系统的基本理论

系统论是以整体性为原则，从整体与外部、整体与部分、部分与部分三个层面相互依存、相互制约、相互作用的关系，对系统运行进行综合的、精确的研究，最终取得整体最佳效果的一种科学理论和方法。系统学科包括的基本理论如下：

第一，动态性理论。系统论认为，系统是有机整体，是一直处于活动状态的系统，随着时间的推移，系统都要经历发生、发展、成熟和衰落的动态变化或演化过程。系统的结构复杂且种类繁多，因此系统的发生形式也是多种多样，有依靠内部力量不断扩张发展成为系统的内生形式，也有依靠外部力量不断壮大发展成为系统的外协形式。但不管以何种形式发生，在内部要素和外部环境的双重作用下，通过自我调节、自我适应等特性，使其不但能够发展，并且功能还有所提高，呈现逐步稳定的状态。当内外部条件再次发生局部变化，且达到一定程度时，系统就又呈现不稳定状态。这时，系统可能通过与外界交换物质、能量和信息，进入新的稳定状态，也有可能由于干扰太大而走向衰落。

第二，开放性理论系统存在于特定的环境中，只有和环境之间进行物质、信息和能量的交换才能保证其生存和发展，反之就会消亡。在系统与环境进行交换的同时，会得益于环境，同时也会受到环境的制约。

第三，整体性理论系统是由相互作用、相互联系的众多要素构成的综合体，系统的性质、功能只有从整体上才能显示出来，整体呈现了各个组成要素均不具备的新特性。当系统中的各要素相互协调，系统整体功能大于系统内各要素功能的总和；当系统内各要素之间存在内耗，系统整体功能则会小于系统内各要素功能的总和。

第四，结构性理论。系统由大量要素组成，要素之间的相互关系总和构成了系统的结构，系统与环境之间表现出的属性、具有的能力和发挥的作用即为功能。任何系统都具有结构，结构与功能相互统一，功能以结构为基础，同时功能又反作用于结构。

(3) 系统论对内河集装箱运输系统协调发展研究的启示

系统论的理论观点，可为开展内河集装箱运输协调发展的深入研究提供以下启示：

第一，内河集装箱运输系统是一个动态发展的系统，该系统会在运输需求的变化、基础设施条件的改善、人民生活水平的提高、对环境保护的日益重视、运输技术创新等条件下，经历起步、发展、成熟和衰落的动态变化过程。目前，我国内河集装箱运输正处于快速发展阶段，与公路、铁路集装箱运输相比，其市场份额在不断地提高。

第二，内河集装箱运输系统是一个开放的系统，通过与外部环境相互作用而影响其发展。内河集装箱运输系统在发展过程中，必须充分考虑社会、经济、自然条件等外部环境条件，充分与之相适应、相协调；同时，内河集装箱运输系统也会影响外部环境，如拉动经贸发展、改善生态环境、节约土地资源等。内河集装箱运输系统只有与外部环境协调发展，才能实现资源的优化配置，发挥内河集装箱运输系统应有的作用。

第三，内河集装箱运输系统是一个整体，只有系统的协调发展才能优化其整体功能，从而更好地服务于经济社会发展。内河集装箱运输系统的各构成要素只有相互配合和减少内耗，才能实现系统整体功能大于系统内各要素功能的总和。

第四，内河集装箱运输系统的协调发展，会促进该系统形成合理的结构，从而更好地发挥其功能。内河集装箱运输系统结构从所包含的内容范围和层次上，可以划分为系统与外部协调发展、子系统之间协调发展和子系统内部协调发展三个层面，不同层面要素的协调发展，能更好地发挥内河集装箱运输系统的功能，进一步优化系统的结构。

3.1.2 协同学理论及启示

（1）协同的内涵

所谓协同，就是指协调两个或者两个以上的不同资源或者个体，一致地实现某一目标的过程或能力。从概念上可以看出，协同并不是新生事物，它是随人类社会的出现而出现，并随着人类社会的进步而发展的，当技术从人们日常生活和商业社会的边缘逐渐成为核心，人们就越来越需要技术能够提供更多的东西。协同又可以指元素对元素的相干能力，表现了元素在整体发展运行过程中协调与合作的性质。结构元素各自之间的协调、协作形成拉动效应，推动事物共同前进。对事物双方或多方而言，协同的结果使各个获益，整体加强，共同发展，致使事物间属性互相增强、向积极方向发展的相干性即为协同性。

(2) 协同学的基本理论

1971年德国科学家哈肯提出了统一的系统协同学思想，认为自然界和人类社会的各种事物普遍存在有序、无序的现象，一定的条件下有序和无序之间会相互转化，无序就是混沌，有序就是协同，这是一个普遍规律。协同现象在宇宙间一切领域中都普遍存在，没有协同人类就不能生存，生产就不能发展，社会就不能前进。在一个系统内，若各种子系统（要素）不能很好地协同，甚至互相拆台，这样的系统必然呈现无序状态，发挥不了整体性功能而终至瓦解。相反，若系统中各子系统（要素）能很好地配合、协同，多种力量就能集聚成一个总力量，形成大大超越原各自功能总和的新功能。协同学与耗散结构理论及一般系统论之间有许多相通之处，以致它们彼此将对方当作自己的一部分，实际上它们既有联系又有区别。一般系统论提出了有序性、目的性和系统稳定性的关系，但没有回答形成这种稳定性的具体机制；耗散结构理论则从另一个侧面解决了这个问题，指出非平衡态可成为有序之源。

第一，一般系统论。

一般系统论认为系统是由以一定结构形式，且具有某种功能的若干要素联结构成的有机整体，系统内部各构成要素不孤立存在，每个要素在系统中都有各自的位置，发挥特定的作用，且要素之间相互关联，从而使系统成为一个不可分割的整体。由此可知，协调问题涉及系统、要素、结构、功能四个方面，还包括要素与要素之间、要素与系统之间、系统与环境之间三种关系。系统的整体性、开放性和动态性特征，揭示了系统运动与协调的内在机理，为从全局和整体上认识协调与协调发展提供了新的思路，为从系统内部结构、功能和系统与外部的关系角度认识协调与协调发展提供了新的方法和分析框架。

系统还具有自组织特征，孤立系统几乎不受外界影响或者影响很小，其发展和演化是通过内部相互作用，从而自发引起的，因此孤立系统是一种趋于消亡的死系统。系统的开放为促进系统由低级向高级方向发展提供了动力，也为其由原始向现代不断进化和不断产生新功能发挥决定性力量，通过系统控制使系统或系统内部构成要素间实现协调一致，相互合作，从而产生新的、更高的系统功能和结构。

第二，耗散结构理论。

所谓耗散结构，是指远离平衡和开放的条件下，在与外界交换能量和物质的过程中，通过内部非线性动力机制发挥作用，结合能量的耗散过程，形成和维持一种新的稳定的有序结构。

系统从无序状态过渡到这种耗散结构有几个必要条件：一是系统必须是开放的，即系统必须与外界进行物质、能量的交换；二是系统必须是远离平衡状态的，系统中物质、能量流和热力学的关系是非线性的；三是系统内部不同元素之间存在着非线性相互作用，并且需要不断输入能量来维持。在平衡态和近平衡态，涨落是一种破坏稳定有序的干扰，但在远离平衡态条件下，非线性作用使涨落放大而达到有序。偏离平衡态的开放系统通过涨落，在越过临界点后“自组织”成耗散结构，耗散结构由突变而涌现，其状态是稳定的。耗散结构理论指出，开放系统在远离平衡状态的情况下可以涌现出新的结构。地球上的生命体都是远离平衡状态的不平衡的开放系统，它们通过与外界不断地进行物质和能量交换，经自组织而形成一系列的有序结构。可以认为这就是解释生命过程的热力学现象和生物的进化的热力学理论基础之一。

耗散结构的特征是：一是存在于开放系统中，靠与外界的能量和物质交换产生负熵流，使系统熵减少形成有序结构，耗散即强调这种交换。对于孤立系统，由热力学第二定律可知，其熵不减少，不可能从无序产生有序结构。二是保持远离平衡态。三是系统内部存在着非线性相互作用。

第三，自组织理论。

组织是指系统内的有序结构或这种有序结构的形成过程。德国理论物理学家 H. Haken 认为，从组织的进化形式来看，可以把它分为两类：他组织和自组织。如果一个系统靠外部指令而形成组织，就是他组织；如果不存在外部指令，系统按照相互默契的某种规则，各尽其责而又协调地自动形成有序结构，就是自组织。自组织理论是 20 世纪 60 年代末期开始建立并发展起来的一种系统理论，主要是 L. Von Bertalanfy 的一般系统论的新发展。它的研究对象主要是复杂自组织系统（生命系统、社会系统）的形成和发展机制问题，即在一定条件下系统是如何自动地由无序走向有序，由低级有序走向高级有序的。

自组织理论方法主要包括自组织的条件方法论、自组织的协同动力学方法论、自组织演化路径（突变论）方法论、自组织超循环结合方法论、自组织分形结构方法论、自组织动力学（混沌）演化过程论、综合的自组织理论方法论等。这里主要论述和本书研究有关的协同动力学、突变论、混沌等方法论。

自组织的协同动力学方法论有三大要点：第一，在大量子系统存在的事物内部，在输入必要的物质、能量和信息的基础上，须激励竞争，形成影响和相互作用的网络；第二，提倡合作，形成与竞争相抗衡的必要的张力，并不受干扰地让合作的某些优势自发地、自主地形成更大的优势；第三，一旦形成序参量后，要注意序参量的支配不能采取被组织方式进行，应按照体系的自组织过程在序参量支配的规律下组织系统的动力学过程。

自组织演化路径的方法论认为，演化的路径具有多样性，有三条路径：一是经过临界点或临界区域的演化路径，演化结局难以预料，小的激励极可能导致大的涨落；二是演化的间断性道路，有大的跌宕和起伏，常出现突然的变化，其间大部分演化路径可以预测，但有些区域或结构点不可预测；三是渐进的演化道路，路径基本可以预测。突变论所利用的形态演化方法（结构化方法），是在整体背景上进行自组织演化路径的突变可能性分析，为研究者提供一个整体观。

混沌论对研究复杂性的非线性方法具有重大贡献。首先，混沌不仅可以出现在简单系统中，而且常常通过简单的规则就能产生混沌。简单系统能够产生复杂行为，复杂系统也能够产生简单行为。分层、分岔、分支、锁定、放大，非线性的发展或演化过程就是这样神奇而不可预测。其次，非线性动力学混沌是内在的、固有的，而不是外加的、外生的，尤其是在管理中的混沌特性决定了“混沌管理”方法的非最优化和不确定性。

(3) 协同学对内河集装箱运输系统协调发展研究的启示

协同学的理论观点，可以为内河集装箱运输协调发展研究提供以下启示：

第一，内河集装箱运输系统由众多因素构成，是一个多目标、多功能、多介质的复杂、开放的动态系统，子系统之间相互依存、相互影响、相互制约。系统在运行过程中，通过不断地与外界交换物质、传递信息、获取和释放能量，通过子系统内部和子系统之间的调节控制机制，使系统向有序化发展。

第二，内河集装箱运输系统是一个具有开放性特征的系统，该系统一方面吸收和消耗着外部环境中大量的物质和能量，同时进行着信息交流，从而创造出该系统的主要产品，即集装箱的空间位移，从而使集装箱内的货物实现增值，进一步促进经济社会发展，满足人民生活的需求。该系统交流的信息分为内部信息和外部信息，其中内部信息是内河集装箱运输系统内部传递的诸如船期、码头泊位装卸效率、集卡拖车运价等信息；外部信息是内河集装箱运输系统与外部环境之间交流的信息，包括集装箱货源分布信息、服务腹地的经贸信息、相关政策法律法规信息等。通过不断地收集、交换和处理这些信息，能够促进内河集装箱运输系统朝有序方向发展。

第三，内河集装箱运输系统具有非平衡性特征，主要体现在如下几个方面：首先，在内河集装箱运输系统中，船舶、泊位专业化发展具有不平衡性，例如内河集装箱泊位专业化发展程度不如内河集装箱船舶专业化程度，目前大部分装卸集装箱的内河码头都是多用途码头，而内河集装箱船则基本实现了专业化；其次，由于腹地经济贸易发展水平不同，从而对内河集装箱运输需求存在差异，内河集装箱运输发展水平在不同区域之间存在不平衡性，如长三角地区内河集装箱运输发展最早、最快、也最规范，而京杭运河集装箱运输则尚处于起步阶段；最后，内河集装箱运输系统中的各子系统可能存在技术装备、运输能力之间的不平衡性。

第四，内河集装箱运输系统具有非线性特征，主要表现在系统内部的非线性和与外部的非线性。由于内河集装箱运输系统三个子系统之间存在着相互影响、相互依托的关系，一个子系统的发展会给另外两个子系统带来连带效应，这种非线性的连带效应使得某些微涨落的变化影响到整个内河集装箱运输系统，从而有可能形成巨大的涨落，使整个系统发生突变，从而跳跃到更有序、更协调的新型结构中去。内河集装箱运输系统与外部经济环境具有非线性特征，一个地区或国家处于不同的发展阶段，随着工业化进程、产业结构和贸易结构的调整，内河集装箱运输系统可能与之不能正好相适应，发展的非线性为内河集装箱运输系统的演化提供了动力，从而产生巨大的涨落，因此这种外部非线性是形成新结构的重要外因。

第五，内河集装箱运输系统存在很多种涨落的现象，例如码头装卸效率的涨落、船舶载箱量的涨落、集装箱运输需求的涨落等。运输技术的创新和普及、内河集装箱运输政策的出台等也都可以被视为涨落。当系统处于最初的稳定状态的时候，涨落对于系统的影响是不明显的；当系统的某种控制参量处于临界状态时，涨落的作用往往会非常明显，即便原来微不足道的涨落都可能将整个系统带入一个全新的状态。

3.1.3 协调与协调发展相关理论及启示

(1) 协调与协调发展的内涵

第一，协调的内涵。

“协调”与“协调发展”的思想和行为在我国由来已久，尤其是在“可持续发展”和“科学发展观”提出之后，“协调”与“协调发展”更是被频繁提及，但对“协调”与“协调发展”的内涵并未形成具有广泛共识性的定义。从语义角度来看，“协调”中的“协”和“调”含义基本相同，都有统筹、和谐、均衡等富有理想色彩的哲学含义，“协调”即遵循客观规律，强调事物之间的联系，坚持对立与统一，立场中正，防止出现忽左忽右的极端状态。从语用学角度来看，“协调”包括事物间关系的理想状态和实现这种理想状态的过程。从经济学角度来看，“协调”可以认为是各种经济力共同作用下的一种经济系统的均衡状态，也可以认为是经济系统在各种经济力的共同作用下达到均衡的过程。从管理学角度来看，“协调”主要指为实现管理目标的一种手段和过程，强调的是综合考虑对各种要素的管理。从系统科学角度来看，协调是为实现系统总体目标两种或两种以上相互关联的系统或系统内部要素之间相互协作、配合得当、互相促进的一种良性循环态势，还包括控制的过程。我国明确提出“协调”的概念是在20世纪70年代末至80年代初，七届全国人大四次会议的政府工作报告将“协调”定义为按比例发展；中国共产党第十六次代表大会把“协调”作为“科学发展观”的核心，强调“五个统筹”。由此可见，尽管不同机构对“协调”的定义有所不同，但基本都包含目标和过程两层含义。

综合既有“协调”的定义方法，熊德平教授认为“协调”是指在尊重客观规律、把握系统相互关系原理的基础上，为实现系统演进的总体目标，通过建立有效的运行机制，综合运用各种手段、方法和力量，依靠科学的组织和管理，使系统间的相互关系达成理想状态的过程[165]。以上定义首先强调的是对“理想状态”的判断和把握，“理想状态”是指为实现系统总目标，各子系统或各元素之间相互协作、相互配合、相互促进而形成的一种良性循环态势。因此，“协调”首先是一种“关系”，“关系”又是“协调”的前提和基础，“协调”只是“关系”的“理想状态”和实现过程。第二，协调以实现总目标为目的，总目标是协调的前提。第三，协调对象之间是相互关联的系统内外联动的整体概念，孤立的系统或系统组成要素不存在协调，系统间的关联是协调的基础。第四，协调存在的前提是必须有协调的主体、协调手段、协调的机制与模式，其中协调手段包括自然的和人为的手段，还包括不同程度相互配合形成的不同形式。最后，协调是动态的，也是相对的，具有时间、空间约束的概念。

第二，协调发展的内涵。

系统或系统内要素的发展往往以其他系统或要素的破坏甚至毁灭为代价，而协调则重在两种或两种以上系统或系统内要素之间保持理想关系。协调发展既包括“协调”也涵盖“发展”，是系统或系统内要素之间在和谐的基础上从简单到复杂、从低级到高级、从无序到有序的过程，是多元化的发展，而不是单一的发展。协调发展的目标是在整体提高基础上的全局优化、结构优化和共同发展，追求的是理想状态。

协调发展作为“科学发展观”的重要体现，是一种具有层次性的动态概念，体现了不同时代人类的理想、内涵没有终极。当前，“可持续发展”和“科学发展观”是“协调发展”的最高境界，也为“协调发展”赋予了最新内涵，体现“以人为本”，不但顾及当代人，而且还顾及后来人。同时，为实现“协调发展”，还要保持“发展”在空间上的“协调”，包括地理空间和产业领域。因此，系统协调发展因系统的开放性而被放置于整个人类社会的“可持续发展”大系统之中，是开放性的协调发展，不是孤立的协调发展。因此，“可持续发展”被看作“协调发展”的最高目标，“协调发展”是实现可持续发展的手段，而“科学发展观”则是实现这一目标的根本原则和价值指向。

综上所述，“协调发展”的概念可以概括为：以实现系统全面发展为总目标，在遵循客观规律的基础上，通过总系统与子系统之间、各子系统之间及其子系统内部组成要素间的协调，使系统及其内部要素之间朝着理想状态发展的过程。该定义特别强调了协调发展的下列特征：

① 协调发展是遵循客观规律、以人为本的综合发展；

② 协调发展是系统与其他系统之间、子系统之间和子系统内部构成要素之间多层次的协调；

③ 协调发展是依赖现有资源和环境承载能力的发展；

④ 协调发展在时间和空间上表现为层次性、动态性及多样性；

⑤ 协调发展具有系统性，协调发展系统具有复杂的内部结构，是一个开放的、复杂的系统。

(2) 协调与协调发展的基本理论

第一，传统协调与协调发展理论。

早期阶段，协调与协调发展思想主要是以哲学形式加以体现。我国古代有“天人合一”“中庸之道，兼容并包”等哲学思想，西方也有“以人为本”“物竞天择，适者生存”等哲学逻辑，这些都在一定程度和层次上蕴含了协调理念，但都没有提出明确的“可持续发展”理念和“协调”与“协调发展”的概念。

到了古典阶段，协调的概念开始具体化，并开始形成理论体系。政治经济学开创者 William Petty 认为协调就是等价交换；重农学派的代表人物 Fquesnay 1758 年在《经济表》中表达了“平衡”即协调的思想。以上思想为协调与协调发展理论的形成做出了突出贡献。Adam Smith 在他的古典经济学里认为，协调即“经济人”的自由选择、自愿交换、自愿合作，以上行为是在专业分工基础上进行的，“看不见的手”是协调的最好工具。

马歇尔在其新古典经济学理论中指出，均衡价值论成为协调与协调发展的主流理论，协调意味着资源配置最优，协调就是均衡，协调的力量主要来自于供需双方，成本是供给背后的原动力，效用是需求背后的原动力，在供需力量相等的情况下，协调便实现了。新古典经济学提出了“帕累托最优”的协调标准，并进一步通过瓦尔拉斯的“拍卖人”机制，论证了局部协调到瓦尔拉斯均衡意义上的全局协调的可能性，构建了完整的分析框架。

美国经济学家瓦西里·里昂惕夫（W. W. Leontief）于 1933 年提出了著名的“投入产出分析法”，该方法首先从瓦尔拉斯的一般均衡理论中吸收了有关经济活动的相互依存性的观点，然后用代数联立方程体系和直接消耗系数与完全消耗系数等参数描述了这种相互依存关系，也描述了达到这一状态的过程。“投入产出分析法”将协调与协调发展的研究渗透到了产业内部和方法论层次，为协调与协调发展提供了有效的实施工具，开辟了协调与协调发展理论的新领域。

凯恩斯“干预主义”意义上的宏观协调与协调发展理论缺少微观基础的支撑，致使基于资源充分利用条件下，探索资源优化配置而得出的“自由放任”，和基于资源优化配置条件下，探索资源充分利用而得出的“国家干预”之间缺少逻辑联系而不协调，即微观协调理论和宏观协调理论不协调。以萨缪尔森为代表的新古典综合派试图将二者结合，完善协调与协调发展理论。但这种完善很快便在20世纪70年代西方的“滞胀”面前暴露出漏洞。对此，弗里得曼代表的“货币主义”和卢卡斯代表的“理性预期”学派，则认为“滞胀”之源是“国家干预”，主张充分发挥市场机制作用，减少政府干预。协调与协调发展理论似乎又回到了古典经济学的立场。

科斯开创的新制度经济学批评了在制度既定下的协调研究范式，认为选择总是在一定制度框架下进行，市场失灵是制度所致，强调制度在协调中的内生性和重要性，指出制度的公共产品属性，决定了政府是其最大的和最基本的供给者，组织、利益集团、文化、意识形态等都具有重要作用，形成了“制度主义”的协调与协调发展理论。博弈论则在一般均衡意义上的协调之外，又发展了一个纳什均衡，即博弈均衡意义上的协调，为协调机制的探索提供了新的工具和分析框架。B. C. Greenwald，J. E. Sitglitz 和 G. A. Akerlof 则在信息成本的基础上，引入信息不对称性，对市场失灵进行更加深入的微观分析，发现了在垄断、外部性、公共产品之外的“策略互补”“溢出效应”等导致市场失灵的宏观经济外部性原因，从信息经济学角度强调了政府在协调中的新职能。以 D. Colander 为代表的后瓦尔拉斯非主流宏观协调理论，将“协调程度”作为变量，纳入了新古典的生产函数模型，得出协调是由与制度相关并由制度决定的因素所决定，提供有效的制度约束是协调的核心的结论，主张微观协调和宏观协调应同时进行。而团队协调理论则研究了内生不确定性，即博弈论中的策略不确定性对协调的影响，认为在系统性的协调博弈中，主体内生不确定性的相互作用会消除系统内部产生的不确定性，从而得出协调或许是一种制度的重要函数的结论，主张面对复杂的协调问题，理论只能给出广泛的政策规则，而不能确定机械的政策规则，有关协调的政策建议必须是基于具体环境背景的理论分析而做出的具有艺术性的判断，理论模型只能帮助判断，而不能代替判断，协调决不能理想化地依靠单一的市场机制实现，而应该针对具体情况，寻求市场协调机制和非市场协调机制之间的均衡，并使相互间的优势和缺陷互补或相互替代。

显然，自马歇尔以来，协调就是均衡。由于对协调的影响因素、决定力量以及实现机制的不同认识，从而导致了不同的政策主张，也导致了不同协调理论的差别。均衡协调观在经济发展上则表现为不同形态的均衡发展思潮，其中最为极端的表现是20世纪40年代产生于西方的均衡增长（或发展）理论，该理论的基本依据是产业或地区间的差异是暂时的，完全竞争的市场会引导资源流动使之同质。因此，主张对整个工业或国民经济各部门同时进行大规模投资，使之按一定比例全面得到发展，进而实现工业化或经济发展。与此相对的则是非均衡增长理论，该理论认为经济系统受到多种因素的扰动，均衡是偶然的，不均衡是必然的，正是非均衡导致的结构变迁，推动了经济增长，而均衡却会形成“超稳定结构”，阻碍新产业成长。事实上，这两种理论只不过是均衡意义上协调发展的不同模式而已，前者强调协调基础上的发展，后者则强调发展基础上的协调，这里的非均衡也是一种协调。

第二，现代协调与协调发展理论。

现代协调与协调发展理论是人类在文明进程中，通过对“人与自然”关系以及发展模式反思和不满的产物。其思想渊源最初来自于农业领域，并随着工业及工业文明的发展才逐渐形成。人类思想史早期对“人地关系”的思考和“天人合一”的哲学思想以及李悝“尽地力之教”的农业经济思想都体现了这一思想理念。

马克思的理论也是以谋求协调与协调发展为目的的，虽然没有具体论述协调和协调发展问题，但该理论也涵盖了极其深刻、现代的协调发展理论。在马克思主义世界观中，基于唯物辩证法，发展是事物内部通过不断产生矛盾，然后去解决矛盾的对立和统一过程；发展是一种运动状态，特指事物向前、向上，由低级向高级，推陈出新和进步的运动状态；发展是系统的发展，在发展过程中系统内部构成要素之间相互关联、相互制约、相互影响，促进了系统的整体发展；发展是需要兼顾他方的发展的，否则就成了畸形发展，甚至使系统倒退或停顿发展。综合以上马克思思想理论，发展是协调的内在要求，协调内生于发展，发展是协调的最终力量，是生产力意义上的经济、物质因素，同时还要考虑人的作用，以及自然、法律、政治、文化、思想等各种社会因素的作用。马克思强调的“计划”的协调手段在“计划经济”实践中遭遇到了一些误解和挫折，但其强调国家、制度在协调中起重要作用的思想是开创性的，对后来的“投入产出”等协调方法也产生了深刻的影响。后来邓小平的“计划和市场都是经济手段”以及先富和后富等辩证思想，使马克思的协调与协调发展理论进一步得到丰富和发展。

“可持续发展”意义上的协调，并没有从本质和原则上改变协调内涵。古典经济学以来，经济学家关注对资源、人口以及外部性等问题的研究，1972 年 Dennis L. Meadows 发表的《增长的极限》(*The Limits to Growth*)，提出了“可持续发展”的理念，但其作为被人类普遍接受，并且对发展战略、发展模式和行动纲领构成重要影响的科学概念统一于 G. H. Brundland 代表联合国世界环境与发展委员会(WECD) 在 1987 年出版的 *Our Common Future* 中对“可持续发展”

(sustainable development) 所做出的定义，“可持续发展”是“既满足当代人的需求又不危及后代人满足其需求的能力的发展”，其核心是人口、社会、经济、科技、环境和资源相互协调。人类经济活动必不可少的外部条件除了经济系统以外，还包括社会、资源、科技与环境等，都是需要优化配置的稀缺资源。因此，经济活动与外部条件之间也就自然存在协调发展问题，为了实现二者的自然协调，也需要遵循边际投入等于边际收益的资源配置原则。但人口、社会、经济、科技、环境和资源六大系统的效益在形式上的差异性，在市场机制资源配置的条件下，相互间的效益大小难以直接比较，而这恰恰又是均衡意义上协调的前提。虽然大量的兴趣和精力被人类所投入，机会成本、影子价格等不少解决方法也被提出了，但由于这些方法都是建立在传统的理论框架下，不但不能排除主观因素对这些效益价值量化的影响，而且容易忽视对无法量化其经济价值的社会效益、生态效益等非经济因素的评价。因此，可持续发展意义上的协调与协调发展理论，虽然没有改变“协调”的内涵，但改变了协调发展的理念、思路、战略、模式与行动纲领，由于尚不清楚这个新的发展模式的细节，因此实施可持续发展还面临着很多问题，主要问题在于如何使新思想具有可操作性。

协调发展问题在我国也被提出，并不断加以研究，其内涵随着经济的发展也不断得到深化。中国共产党第十六次代表大会和十六届三中全会提出的“科学发展观”和“统筹发展”思想，就是现代协调与协调发展理论在中国现实背景下的最好表述和体现。作为“科学发展观”的发展，它和传统的协调发展理论有以下区别：第一，“科学发展观”把“协调”作为发展的核心，协调既是发展的手段，也是发展的目标，还是评价发展的标准和尺度，协调和发展是统一的，对协调问题的关注是积极、主动和自觉的；而传统的协调与协调发展理论的目标则是经济的增长或发展，协调只是实现这一目标的手段，对协调的关注只是发展的副产品。第二，表现为协调是基于满足当代人的物质欲望的协调，发展为基于代内公平和代际公平，以人的全面发展为出发点和归宿点，即以人为本的协调，协调从物质的、静态的协调，发展为全面的、动态的协调。第三，还表现为从立足于经济系统内部的协调，扩大到在整个人口、社会、经济、科技、环境和资源大系统的协调，由封闭型协调发展为开放型协调。

因此，科学发展观从本质上说，就是坚持以人为本，全面、协调、可持续的发展观，其立足点是人的全面发展，核心是协调，手段是统筹，目标是可持续，重点是城乡发展、区域发展、经济社会发展、人与自然和谐发展、国内发展和对外开放五大领域。其理论核心是紧密地围绕着人与自然的协调和人与人的协调两大主线，前者是保障协调发展的基础，后者则是实现协调发展的核心，真正揭示了现代协调发展的永恒主题，形成了完整而系统的发展观。科学发展观强调的是“人口、社会、经济、科技、资源、环境”这个复杂的大系统的整体协调，但要注意的是科学发展观中的协调不是平均基础上不允许发展差别的协调，而是发展基础上的协调，更不是脱离市场经济的“计划经济”式的人为的、盲目的协调，而是充分尊重、切实遵循现代市场经济的客观规律与游戏规则的科学协调，更不是僵化的协调，而是不断进行体制创新的协调[137]。

(3) 协调与协调发展理论对内河集装箱运输系统协调发展研究的启示

协调发展就是以发挥系统的综合效率与综合效益最大化为目标，通过与外界进行物质、能量和信息的交换，各子系统和构成要素相互配合、相互促进、相互适应，从而形成一种良性动态发展的过程。协调发展理论观点，可为内河集装箱运输系统协调发展研究带来如下启示：

第一，内河集装箱运输系统协调发展以实现系统综合效率与综合效益最大化为目标，系统要素之间相互配合、相互促进、相互适应，会使系统向更好的方向发展，从而使系统结构更加优化；

第二，内河集装箱运输协调发展需要具备一定的外界条件，只有通过与外界进行物质、能量和信息的交换，系统才能呈现良性动态发展的态势；

第三，内河集装箱运输协调发展是一个良性的发展态势，为了实现这种态势，要求各子系统和构成要素都要良性发展，同时还要在规模和数量上相互适应，从而形成合力，促进系统整体目标的实现；

第四，内河集装箱运输系统协调发展是一个动态的过程，包括系统的总体目标不断发生变化，这就需要各子系统和构成要素的目标也要随之变化；当系统总体目标稳定时，各子系统和构成要素在发展过程中需要相互配合、相互适应，也会产生个体独自变化。

3.2 内河集装箱运输系统协调发展的内涵

根据协同学的自组织理论分析，当系统处于开放状态时，其具有一定自由度，会根据外部环境通过自组织实现内外的相对平衡和稳定，但并不保证这种相对平衡是最优化的，当系统朝越来越有序方向发展时，相对平衡状态则较优，反之则较劣。系统内要素配置同样遵循该规律，当系统内要素配置出现“短板”时，系统的平衡状态只能达到“短板”要素发展水平。系统在演化过程中，各子系统和构成要素通过分工协作实现系统向有序方向发展。

对于内河集装箱运输系统而言，通过自组织实现与外部协调发展，其外部环境主要包括两个方面：一方面是经济、社会、生态环境、资源、综合运输体系等，内河集装箱运输系统与外部环境之间在各自的发展过程中会产生协同作用，协调发展会更好地促进经济社会的发展，同时经济社会的发展也会为内河集装箱运输的发展提供支持；另一方面是政府宏观调控，内河集装箱运输系统无论是与外部协调还是内部协调，都与政府宏观调控紧密相关。政府宏观调控总能使系统产生微小涨落，当系统处于临界状态时，这种微小涨落也会演变为巨大涨落，从而使系统结构和功能发生变化。如果政府宏观调控合理，则推动系统向更优的方向发展，反之则会阻碍系统的发展。因此，合理的政府宏观调控是内河集装箱运输系统协调发展的必要外部条件。

综合以上分析，内河集装箱运输系统协调发展的内涵可概括如下：以满足特定区域运输需求和系统的综合效率与综合效益最大化为目标，在政府合理的宏观调控下，在经济、社会、生态环境、资源、综合运输体系等的影响下，内河集装箱运输系统各子系统及构成要素形成的相互配合、相互促进和相互适应的一种良性动态发展态势。内河集装箱运输系统协调发展包含以下三个层面。

第一，内河集装箱运输系统与外部协调。内河集装箱运输系统与经济、社会、生态环境、资源、综合运输体系的协调目标主要是实现系统资源的优化配置，协调发展不仅能够促进经济社会的发展，同时也会推进内河集装箱运输系统本身在规模、结构以及服务水平方面实现良性的发展。

第二，内河集装箱运输子系统之间协调。子系统之间的相互协调发展是内河集装箱运输系统资源优化配置的要求，在内河集装箱运输系统的规划和建设中，必须充分考虑区域自然地理和经济地理特征、各子系统的技术经济特征，才能建立因地制宜、布局优化、结构合理、能力匹配的内河集装箱运输系统，达到各子系统在经济、技术和操作等层面的相互协调发展。

第三，内河集装箱运输子系统内部协调。各子系统的内部协调反映了每个子系统各要素的匹配程度，包括线路基础设施、节点基础设施、运输移动设备、运输软件等。每一子系统的各组成部分承担的任务不同，发挥着不同的作用，相互依赖、相互补充、协同合作，从而实现整个系统功能的充分发挥。

为了更形象地揭示内河集装箱运输系统协调发展的内涵，本书给出如下表达内河集装箱运输系统协调发展的函数：

$$C=F\{E,\ S,\ R,\ N,\ J,\ T[P(x_{p1},x_{p2},x_{p3},x_{p4}),L(x_{l1},x_{l2},x_{l3},x_{l4}),B(x_{b1},x_{b2},x_{b3},x_{b4})]\}$$

式中：C——内河集装箱运输系统协调发展状态；

f——各变量间的函数关系；

E，S，R，N，J——经济、社会、资源、生态环境、综合运输体系；

T——内河集装箱运输子系统；

P，L，B——码头转运子系统、内陆集疏港子系统、船舶运输子系统；

x_{p1}，x_{p2}，x_{p3}，x_{p4}——码头转运子系统的线路基础设施、节点基础设施、运输移动设备、运输软件；

x_{l1}，x_{l2}，x_{l3}，x_{l4}——内陆集疏港运输子系统的线路基础设施、节点基础设施、运输移动设备、运输软件；

x_{b1}，x_{b2}，x_{b3}，x_{b4}——船舶运输子系统的线路基础设施、节点基础设施、运输移动设备、运输软件。

3.3　内河集装箱运输系统与外部协调发展理论分析

内河集装箱运输系统与外部协调发展包括与经济社会发展相协调、与综合运输体系相协调和与自然资源、生态环境发展相协调。

3.3.1　经济社会发展是内河集装箱运输系统形成发展的基础

3.3.1.1　内河集装箱运输系统与经济互动发展

集装箱运输作为一种现代化运输方式有效地促进了我国经济的快速发展，内河集装箱运输成为沿河地区经济发展的一个有力支撑。因此，充分认识内河集装箱运输与经济发展的关系，对于充分发挥内河集装箱运输的优势，促进相关区域的经济发展，有着十分重要的意义。内河集装箱运输与经济增长的关系，无论是从国家或区域的角度进行宏观层面分析，还是对某条内河集装箱运输航线进行评价，内河集装箱运输与经济的关系都主要体现在两个方面：一是通过内河集装箱运输创造的产品位移所带来的直接经济效应。集装箱运输过程中会直接和间接消耗各种原材料、燃油、资金等对经济增长起到拉动作用。内河集装箱运输的特点也会直接带来经济效应，例如内河集装箱运输与公路运输相比，通过降低成本可产生节约效应；与散货运输相比，因货损率下降可产生减损效应等。二是派生的间接经济效应。内河集装箱运输引致国民经济其他部门的产值和收入增加，并由此使得支出增加，从而带动最终需求，引发对经济的扩张作用，即投资乘数效应。由于上面所提及的直接效应可增强服务腹地的经济辐射力和影响力，从而进一步增强其经济市场竞争优势，改善区域投资环境，促进区域产业结构调整，提高区域的经济聚集效应。

经济的发展会产生运输需求，由此决定内河集装箱运输发展的规模，以及在经济活动中的地位。例如，亚马孙河、尼罗河和刚果河自然条件很好，水资源丰富，但其流域经济尚未达到应有的发展程度，所以内河集装箱运输尚未得到充分发展。我国虽然在20世纪70年代初就在长江试办内河集装箱运输，但集装箱运输一直发展缓慢，直到20世纪90年代末，尤其是跨入新世纪，我国经济持续稳定快速增长，特别是长江、珠江流域经济快速发展，使我国在这两区域的内河集装箱运输得到快速发展。西欧、北美地区经济发达，俄罗斯的伏尔加河流域经济也具有相当规模，从而使西欧莱茵河水系的内河集装箱运输长盛不衰，伏尔加河、密西西比河的内河集装箱运输也获得相当程度的发展，都说明内河集装箱运输发展取决于沿河地区经济发展水平。我国内河集装箱运输主要集中在长江水系和珠江水系，此两大水系横贯我国东西，是中西部地区通江达海、沟通东部的水运通道，流域经济的快速发展，产生巨大的集装箱运输需求，为我国内河集装箱运输发展提供了广阔的发展空间。与此同时，内河集装箱运输的发展也为两大流域经济发展提供了重要的物流支撑条件，长江、珠江下游已基本形成工业发展走廊，大批冶金、机械、汽车、石化、电力、水泥等工业沿江布局建设，逐步形成了长江、珠江水系产业带。

影响经济发展对内河集装箱运输系统需求的因素很多，主要包括国民经济生产总值、产业结构、运价、运输组织等，经济发展对内河集装箱运输系统需求可构建如下需求模型：

$$D_t = f(X_t, Y_t, Z_t) = aY_t \tag{3-1}$$

式中：D_t——t 年经济发展对内河集装箱运输系统的需求；

X_t——t 年产业结构等影响因素；T_t 代表 t 年国民经济等生产总值影响因素；

Z_t——t 年内河集装箱运输系统本身的有关影响因素，包括运价和运输组织等。

由于产业结构与国民经济发展密切相关，为此为了突出经济发展对内河集装箱运输系统需求的关系，假定在一定产业结构和运价及运输组织条件下，D_t 可简化为 aY_t，a 为影响系数。

内河集装箱运输系统供给模型如下：

$$S_t = b_t V_t \tag{3-2}$$

式中：S_t——t 年内河集装箱运输系统供给能力；

V_t——t 年内河集装箱运输系统的设计能力；

b_t——t 年内河集装箱运输系统的负荷强度。

由于我国内河集装箱运输基础设施还不是很完善，不能完全适应我国内河集装箱运输发展的需求，因此目前的发展阶段 b_t 要大于1。

内河集装箱运输系统与经济之间协调发展可用如下模型表示：

$$\min\delta = f(|S_t - D_t|) \tag{3-3}$$

式中：δ——由于内河集装箱运输系统需求与供给之间存在偏差时产生的成本；

f——单位偏差所产生的成本系数；

目标函数 $\min\delta$ 为内河集装箱运输系统需求与供给之间偏差最小化时产生的成本。

当内河集装箱运输系统能力供大于求时，出现能力的过剩，当年运输系统的存量能力没有充分利用；当内河集装箱运输系统能力供不应求时，内河集装箱运输系统能力无法满足经济发展的需求，由此给经济发展造成损失。只有供给等于需求时，内河集装箱运输系统与经济发展之间才是最协调的，可达到理想的均衡状态，但这种状态在实际经济运行中是难以实现的。由于内河集装箱运输系统的建设在时间上往往具有滞后性，内河集装箱运输系统要与经济协调发展，系统能力的供给应大于需求，这样才能一直满足经济发展的需求。当然系统能力供与求之间的差距也不应当过大，因为差距过大也同样会造成成本的上升。

3.3.1.2 内河集装箱运输系统与社会互动发展

内河集装箱运输与社会发展之间的关系主要表现在促进劳动就业，劳动就业人数增多，又促进了劳动者需求的增长，从而促进经济发展，反过来又促进内河集装箱运输系统的发展。内河集装箱运输与劳动就业的关系可用乘数原理进行分析，在目前集装箱运输技术装备水平、劳动者熟练程度均不变的前提下，集装箱运输需求的增长或下降必然会引起就业人数的增长或下降。当内河集装箱运输呈现快速发展态势时，内河集装箱运输系统基础设施投资建设对就业会产生直接影响，在此基础上，新就业人员收入增加，可进一步拉动消费的增长，这就需要消费品产量进一步扩大，则消费品行业就业人员将进一步增长。因此，在乘数效应作用下，随着内河集装箱运输业的发展，劳动者收入将一轮一轮地增加，从而出现劳动就业的乘数扩张效应，就可实现通过内河集装箱运输行业发展扩大就业的目标。

综上所述，内河集装箱运输系统是水运系统和综合运输系统的重要组成部分，属于国民经济基础产业，作为基础性产业的内河集装箱运输业是经济高度发展的产物，也是社会经济活动的重要组成部分，两者呈现相互促进和相互制约的关系。为了满足经济社会发展的目标要求，内河集装箱运输系统需要与外部之间保持相互适应、相互促进、相互协同、相互配合的动态发展态势。内河集装箱运输系统的发展能够缓解陆上交通拥挤的压力，同时其基础设施的投资可以为GDP做出贡献，可提高就业水平，从而推动经济社会的发展；经济社会的发展，尤其是沿河区域经济社会发展也会对内河集装箱运输系统发展提出更高的要求，两者呈现的是互利互惠、共同发展的相互关系。

3.3.2 内河集装箱运输系统是综合运输体系的重要组成部分

3.3.2.1 综合运输体系内涵及意义

国外关于综合运输体系理论研究和相关概念的提出始于20世纪40年代，我国则始于20世纪50年代中后期。不同历史时期、不同国家和地区、不同专家和学者对综合运输体系的研究内容和关注点各不相同，但随着经济全球化进程的加快以及各国经济、社会和交通发展环境与发展理念的趋同，对综合运输体系的内涵也逐步趋于一致。国外代表性观点认为，“综合运输体系是一种客货运输系统，运输的各个环节都要进行有效的衔接。在货物运输中，货物在两种或两种以上运输方式上进行无缝、连续的门到门运输。在直达运输作业过程中，通过一个货运单据，进行逻辑上的连接和处理。综合运输体系不仅包括硬件设施，还包括有关的软件”[183]。这种观点强调运输过程的完整性和连续性。我国的研究则强调各种运输方式的能力适用范围和分工，代表性观点认为，“综合运输体系是各种运输方式在社会化的运输范围内和统一的运输过程中，按其技术经济特征组成分工协作、有机结合、联结贯通、布局合理的交通运输综合体”。国内外对综合运输体系内涵的认识逐步趋于一致，主要表现在以下几个方面：一是综合运输体系是一个有机整体，而不是各种运输方式的简单叠加，它至少应该由硬件（基础设施）和软件（运输服务）两部分组成；二是综合运输体系应体现各种运输方式的多重性、平等性与包容性，更多强调分工协作，能使各种运输方式的比较优势得到发挥；三是综合运输体系在整体功能上要兼顾经济社会发展需要和资源环境要求两个方面；四是政府和市场都是推动其建设和形成的重要力量；五是发展过程中应充分利用信息化等先进技术。

综合以上论述，笔者认为，综合运输体系的内涵应为"各种运输方式按照各自技术经济特征和比较优势，根据国家发展战略和交通需求共同构建形成的布局合理、功能完善、有机衔接、技术先进、安全环保，符合资源高效、成本节约、服务优质的交通运输有机整体"。

发展综合运输体系是当代运输发展的新趋势、新方向。当代运输的发展呈现两大趋势：一是随着世界新技术革命的发展，交通运输广泛采用新技术，实现运输工具和运输设备的现代化；二是随着运输方式的多样化、运输过程的统一化，各种运输方式朝着分工协作、协调配合的方向发展。在世界范围内，把这两种趋势结合起来，成为当代运输业发展的新方向。发展综合运输体系可增强有效运输生产力，缓解交通运输紧张状况。交通运输是一个大系统，各种运输方式如果出现不协调，都不能充分发挥有效的运输生产力。多年来，我国交通运输发展出现的不平衡状况，如某些线路负荷过大，而有些线路能力得不到充分利用；某些运输方式严重超负荷，而有些运输方式又不能充分发挥作用等，大力发展综合运输体系将有效地改变这一不协调、不平衡的现状。发展综合运输体系是提高运输经济效益的重要途径，按照各种运输方式的技术经济特点，建立合理的运输结构，可以使各种运输方式扬其所长，避其所短，既可扩大运输能力，又可提高经济效益。

3.3.2.2 内河集装箱运输系统在综合运输体系中具有不可替代的地位和作用

内河集装箱运输系统的功能主要体现在以下两个方面：一是为沿海集装箱枢纽港提供内河集疏运服务；二是为沿河工业区、流域经济带的发展提供内河集装箱运输服务。内河集装箱运输是内河航运的一部分，也是综合运输体系的重要组成部分。目前，多种集装箱运输方式并存，且形成了相互竞争的局面。与铁路和公路集装箱运输相比，内河集装箱运输存在速度慢、不能实现“门到门”运输等弱点，但也具有投资少、运能大、成本低、节能环保的优势，尤其对集装箱运输需求比较连续、稳定的区域，内河集装箱运输具有更明显的优势。铁路运输具有速度快、能力大的优点，但是铁路建设所需投资大、占地多，运输成本比内河运输高，适合中长距离和时效性要求较高的集装箱运输。公路运输具有速度快、方便灵活、可以实现“门到门”运输等优势，但存在占地多、能耗大、成本高的劣势。因此，内河集装箱作为综合运输体系中的一个重要组成部分，尤其在沿河流域综合运输体系中占有重要的地位，具有不可替代的作用。

综上所述，综合交通运输体系是一个大系统，按照体系中各种运输方式的技术特点，打造合理的运输结构，使各种运输方式扬长避短发挥各自的优越性，既可扩大运输能力，又可提高经济效益。内河集装箱运输系统是综合运输体系的重要组成部分，如果与其他运输方式协调发展，可以形成科学、协调的综合运输体系，成为交通运输体系有力的支撑；反之，则使综合运输体系不健全，有“短板”存在，影响综合运输体系充分发挥有效的运输生产力。

3.3.3 内河集装箱运输系统在资源节约、生态环境保护方面具备比较优势

3.3.3.1 资源节约方面的比较优势

内河集装箱运输单位能耗低。从技术经济的角度来看，不同产品依据其本身的价值和需求特征决定其运输方式的选择。有些价值比较高的产品，对运价不是很敏感，则可以选择能耗成本较高的运输方式，例如航空运输；有些对时效性要求较高的产品，如高价值的海鲜等鲜活农副产品，也可以选择空运方式。因此，高能耗的运输方式有其发挥的空间，低能耗的运输方式也有自己的市场份额。根据美国相关机构对各种运输工具的能源效率计算分析得出的平均结果，消耗 4.5 L 燃料，驳船可以完成 576 t·mi(1 mi≈1.6 km) 货物周转量，而铁路和卡车则分别可完成 413 t·mi 和 155 t·mi 货物周转量，三者单位能耗比为1∶1.4∶3.7[138]。

内河集装箱运输占用土地少。各种运输方式具有不同的技术经济特征，单位货运能力占用土地具有很大差异。当前，土地价值快速提升，国家土地政策日趋严格，公路和铁路基础设施建设用地批复越来越难，拆迁成本也越来越高，使得占用土地较少的内河运输具有更大的比较优势和发展空间。内河运输利用自然河道，占地很少，主要是内河港口码头的占地。根据 2004 年长江水系七省二市交通用地统计计算，公路、铁路和港口码头分别占地 617 946 hm^2、74 826 hm^2 和 3936 hm^2，分别占交通用地的 86.6%，10.5%和 0.55%。通过计算单位占地产生的货运量和货物周转量可知，在不考虑所承担的旅客运输任务的情况下，公路

运输和长江内河运输单位用地完成的货运量分别为 0.7 万 t/hm^2 和 14.3 万 t/hm^2，内河运输是公路运输的 20 倍；从货物周转量上来看，公路运输和长江内河运输单位用地完成的货物周转量分别为 45 万 t·km/hm^2 和 7 498 万 t·km/hm^2，内河运输是公路运输的 167 倍[138]。

3.3.3.2　生态环境保护方面具备比较优势

内河集装箱运输系统在满足经济社会发展需求的同时，应该以不破坏生态环境为前提。交通运输工具排放物通常包括污染物的排放和温室气体的排放。污染物排放包括 CO，NO_X，HC，PM 等，2005 年营业性道路运输污染物排放 5.75 g/(t·km)。温室气体方面，根据测算，单位运输周转量 CO_2 排放量内河运输和公路运输分别为 38 g/(t·km) 和 153 g/(t·km)，比例接近为 1∶4。从治理污染的角度看，公路运输和内河运输平均完成单位运量治污费用之比为 4.5∶1。根据国外相关研究，内河运输与其他运输方式相比，噪声、排放、交通事故等方面都具有比较优势。例如，散货运输方面，内河运输因处理排放问题而产生的外部成本比公路和铁路分别低 83%和 70%；集装箱运输方面，内河运输比公路和铁路分别低 78%和 68%。因此，在生态环境越来越受到人们重视的条件下，发展内河运输有利于交通运输及全社会可持续发展。在一定区域范围内，生态环境可以提供给内河集装箱运输系统发展的资源量是受到一定限制的，一旦内河集装箱运输总量超过其上限，则会破坏生态环境的承载力。对于内河集装箱运输系统来说，其子系统对生态环境影响方式不同，因此应考虑如何最大限度地发挥内河集装箱运输系统的运输能力，同时又要考虑对生态环境产生最低程度的不利影响。

综合以上分析，内河集装箱运输系统与生态环境之间的关系体现在影响和制约两方面。内河集装箱运输系统在作业过程中会产生废气和噪声，对社会的生态环境造成危害，从而影响社会生态文明健康发展。为了防止生态环境遭到进一步破坏，国家可以多考虑在内河航道附近规划建厂，这样则可减少内陆集疏港所产生的污染；对于内河集装箱运输系统来说，也可做到在一定的环境承载力约束下进行优化发展。另外，由于各子系统活动会引起不同的外部成本，如大气污染、生态破坏、噪声等，国家可以通过税收或者立法，使外部成本内部化。可见，内河集装箱运输系统和生态环境之间存在矛盾，需要协调双方关系，而协调的核心在于生态环境能否承载内河集装箱运输系统的发展。内河集装箱运输系统的发展需以自然资源的供给为条件，如天然的内河航道资源、岸线资源、原油等化石原料，以及土地资源都为内河集装箱运输系统发展奠定了基础。资源的承载力对内河集装箱运输系统的发展存在硬性约束，当经济社会发展到一定程度，内河集装箱运输系统发展会受到相应的资源承载能力限制，需要通过调整来缓冲这一压力，否则发展就会处于停滞状态。内河集装箱运输系统各子系统对于能源的消耗是不同的，可以通过组织优化，使整个系统资源消耗最低。化石原料、岸线资源和土地资源都属于不可再生资源，内河集装箱运输系统的发展必须占用这些资源，因此内河集装箱运输系统协调发展必须严格控制自然资源消耗的无限增长，在自然资源有限供给的前提条件下，节约有限的化石原料、土地资源和岸线资源，降低对其依赖性。

内河集装箱运输系统与外部协调发展机理如图 3－1 所示。

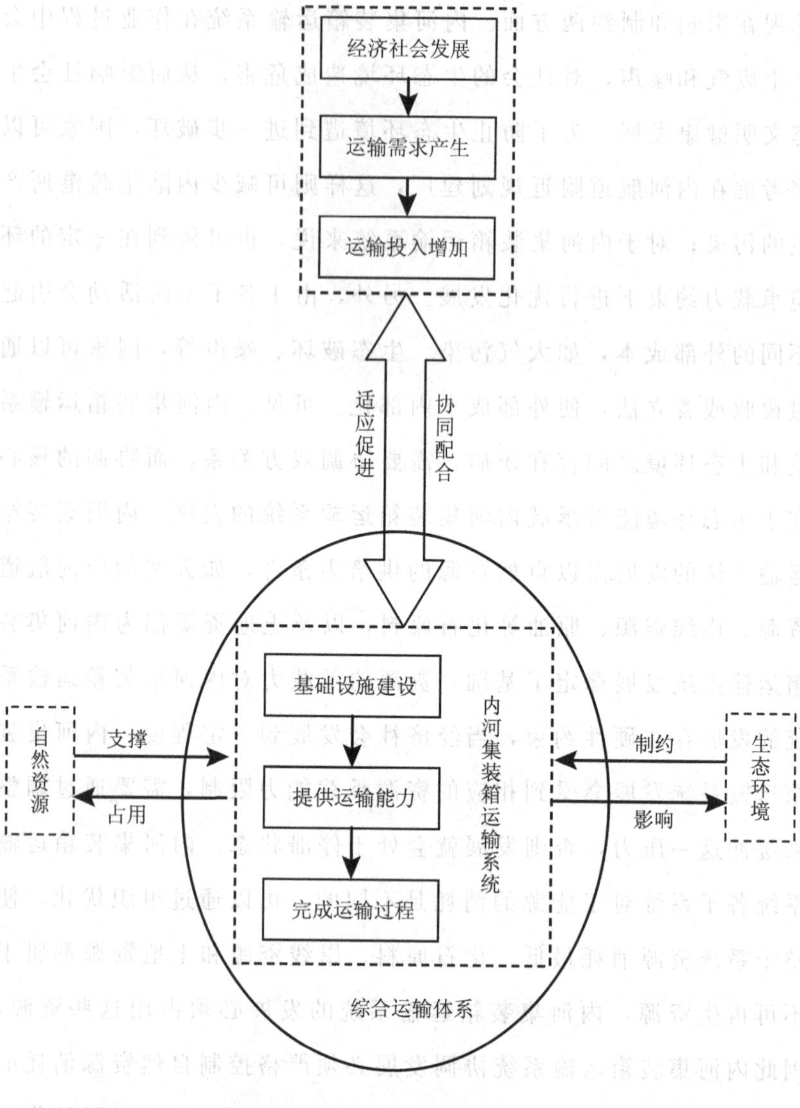

图 3－1　内河集装箱运输系统与外部协调发展机理示意图

3.4 内河集装箱运输系统子系统之间协调发展理论分析

如前所述，内河集装箱运输系统由内陆集疏港运输、码头中转、船舶运输三个子系统组成，三个子系统相互联系、相互制约、协调发展，能够降低内河集装箱运输服务成本，提升服务水平，提高与公路、铁路运输方式相比的竞争力，扩大市场占有率，可以减少由于公路、铁路等运输模式的快速发展引起的交通拥堵、污染物排放，降低对环境造成的压力。因此，内河集装箱运输子系统之间协调发展意义重大。

3.4.1 内河集装箱运输子系统之间协调分析

内河集装箱运输子系统之间的协调，主要表现在结构协调、能力协调、组织协调、信息协调和技术设备协调几个方面。

3.4.1.1 结构协调

所谓结构，是组成整体的各部分的搭配和安排，是同类事物中各子系统之间在质和量方面的比例关系。内河集装箱运输系统的结构是三个子系统之间在质和量方面的比例关系。从质的角度讲，内河集装箱运输系统结构的合理程度直接关系到系统的发展水平。从量的角度讲，内河集装箱运输系统的总体功能并不是三个子系统功能的简单叠加，而是通过合理组合实现新的更加完善的功能，即一个协调的内河集装箱运输系统结构总体功能会大于其各局部功能之总和；反之，由于子系统之间相互摩擦、相互冲突，造成系统能量损耗，则系统总功能会小于其各局部功能的总和。因此，合理的内河集装箱运输系统结构，既是子系统之间充分合理的量的比例，也是各子系统之间有机耦合的质的联系。内河集装箱运输各子系统之间是有机联系和相互制约的整体，这种联系产生的影响力和感应度在量的方面主要表现在各子系统之间发展增速的高低、发展规模的相互适应等；在质的方面主要表现在各子系统之间功能耦合等。此外，内河集装箱运输系统结构协调还要结合不同区域的自然条件、经济条件和政治环境，从而更好地发挥内河集装箱运输的服务功能。

内河集装箱运输系统的结构协调应遵循如下原则。

(1) 合理原则

合理原则即系统内各子系统之间质的联系上有机耦合，量的比例上充分合理。内河集装箱运输系统中各子系统是一个有机联系的整体，有机联系包括前向联系、后向联系，以及由此而产生的感应度和影响力，这种相互联系和制约有量的规定性，也有内在质的规定性。量的规定性主要表现在系统内各子系统之间的投入产出关系、增速的高低和发展规模的相互配合等。质的规定性主要表现在系统内各子系统之间的功能耦合状况、衔接的联系效应，和各子系统产业素质、成长组织机制等。内河集装箱运输系统各组成部分之间的数量比例关系是由各部分相互作用、相互制约的性质决定的，质的规定性决定量的活动范围，系统结构的量的比例关系需要根据各子系统之间联系的特殊性确定。

(2) 优化原则

优化原则即充分考虑各子系统自身的特点，发挥各子系统的优势和功能，从而进一步提高内河集装箱运输系统的综合效率和效益。内河集装箱运输系统中各子系统应当有一个合理的比例关系，但这一比例关系也并不是一成不变的，而是随着地域、时间的不同而变化。因此，各子系统发展应当结合固有的一些特点，使得结构协调与当地的自然、历史、经济和政治等特点相结合。

3.4.1.2　能力协调

所谓能力是指系统处理能力，即被研究的交通设施在全面规划、合理组织、协同配合下形成的系统最大单位时间的处理量。内河集装箱运输系统能力协调是以协调为基础和导向，从协调的角度对内河集装箱运输系统中各子系统所提供的处理能力所进行的设计。可将处理能力分为如下两大类：一是各子系统内部的处理能力。内河集装箱运输系统涉及环节较多，包括很多处理能力，例如运输能力、装卸能力、堆存能力等，由于运输、装卸、堆存的供需之间存在着相互影响、相互促进的关系，各方不可能仅按照自身的规律发展，而是分别受到相互促进、相互制约作用的影响，各个环节的能力只有相互协调，内河集装箱运输系统的能力才能充分发挥。因此，内河集装箱运输系统在规划设计阶段，就要充分考虑集装箱运输需求的波动，同时还要结合技术创新，保证系统的运输能力、装卸能力和堆存能力在操作时相互匹配，并随着区域经济的不断发展和技术的不断创新使内河集装箱运输系统的各种能力实现动态协调。各种能力的发挥必须具备一定的技术设备，包括载运工具和装卸设备，技术设备的协调要遵循兼容、标准化和适度超前原则，这些技术设备在内河集装箱运输系统运作过程中要高效协调，从而提高内河集装箱运输系统的综合效率。二是各子系统交叉作业时的处理能力。交叉作业的处理能力是相对重要和突出的能力，瓶颈往往容易在此处产生。当集装箱从一个子系统通过交叉作业转到另一个子系统时，就存在交叉处理能力问题，如果交叉处理能力低，那么整个系统的综合效率就会受到很大影响。

内河集装箱运输系统能力协调应遵循如下原则。

（1）匹配原则

所谓匹配是指形成内河集装箱运输系统时，各子系统之间的内部处理能力以及交叉作业能力在运作时互相适应，例如内河港口集装箱的吞吐能力既要与内河船舶运输能力相适应，又要与公路或者铁路集疏港运输能力相匹配。

（2）动态发展原则

所谓动态发展是指内河集装箱运输系统对其能力进行协调时，需要动态地考虑与服务腹地经济发展相适应，经济发展对运输的需求是一个动态的过程，这就需要在运输能力上与之相协调。除此以外，还有技术的因素，技术进步会促进某一子系统能力提升，这样就需要其他子系统动态地去适应。

3.4.1.3　组织协调

内河集装箱运输系统中各子系统按比例协调发展，是由于在组织管理上能相互协作、相互取长补短，建立统一的运输组织，保证内河集装箱运输系统以最优作业方式运行，实现协同统一，从而合理地发挥内河集装箱运输系统的能力，最终实现提高服务水平、降低运输成本的目标。

内河集装箱运输系统组织协调应遵循统一原则。所谓统一是指对内河集装箱运输系统实施协调管理，包括技术管理、部门职能管理、法律法规管理、政策管理、价格管理，在各子系统之间都是统一的。统一原则是内河集装箱运输系统组织成功的基础，内在机制不统一，子系统之间能够协调发展是不可想象的。因此，在行政管理机构中，对于职能重叠的部分应当合并或者撤销。

3.4.1.4 信息协调

所谓信息协调是指内河集装箱运输系统运作过程能够按照生产经营中的技术经济规律得到科学合理的计划、组织与控制，使系统各环节通过信息这个纽带有机联系起来，相互支持配合，消除各自孤立的状态。内河集装箱运输系统是一个以国际标准箱为载体，运输过程机械化为前提，现代化管理为基础的运输系统，整个过程涉及港口、航道、场站、运输、监管、技术、行业管理等部门，支持系统包括码头、堆场、仓库、中转站，和与之相配套的装卸机械，因此在整个运输过程中会产生大量的单据，这些单据在制作、传递、分析等烦琐工作中往往会出现失真、延误和重复等失误，从而会影响集装箱的正常流转，因此内河集装箱运输系统的处理能力、安全、效率和效益很大程度上取决于信息的获取、处理及利用。信息是能为企业创造价值的企业资源，是影响生产能力、竞争能力和社会经济发展的重要因素，内河集装箱运输系统具有分散性、广域性、连续性、实时性等特点，只有依靠及时、准确和完整的信息才能保证系统的协调发展。

内河集装箱运输系统信息协调应遵循信息化原则。所谓信息化原则是指在内河集装箱运输系统中，运用现代信息技术和手段，对信息进行有效的收集、加工、传递和发布，保证内河集装箱运输系统安全、高效和协调运转。信息是伴随着内河集装箱运输过程产生的，但也要通过信息对内河集装箱运输系统的数量、速度、方向、可靠性进行规划和调节，使系统按照一定的规则运动。因此，内河集装箱运输系统运转是否畅通运转取决于信息管理的水平和质量。

3.4.1.5 技术设备协调

内河集装箱运输系统的技术设备主要包括节点设备和移动设备，节点设备主要包括航道、港口、场站等，移动设备包括船舶、车辆、装卸机械等，这些设备在实现内河集装箱运输系统功能方面分别发挥着不同的作用，本书所指的技术设备协调主要是指交叉作业的那部分技术设备的协调。所谓技术设备协调是指以协调为基础和导向，以所要发挥的功能为目标，从协作的角度对内河集装箱运输系统内各子系统之间交叉作业的一些技术设备在种类、数量等方面的设计。各子系统在进行交叉作业时，需要借助一些装卸设备和运载工具，技术设备协调就是解决各子系统之间在技术设备上的协调，使这些技术设备从开始就能进行高效协作，提高内河集装箱运输系统运作效率。

内河集装箱运输系统技术协调应遵循以下原则。

(1) 兼容原则

所谓兼容原则是指在内河集装箱运输系统中，各子系统存在交叉作业的技术设备应当尽可能相互兼容，即某一子系统的技术设备在进行集装箱运输时，与其他子系统存在交叉作业，两个子系统相互协作的设备能够在彼此的设备上直接运作。通过该原则，使各子系统转运的集装箱能够得到技术设备的保障。

(2) 标准化原则

内河集装箱运输系统标准化是指各子系统在交叉作业环节中，形成一种标准体系，从而获得最佳的经济和社会效益。各子系统技术设备的标准化可为内河集装箱运输协调发展创造条件，集中表现在运输工具的专业化、专业技术设备和管理中应用 IT 技术等方面。

(3) 适度超前原则

所谓适度超前原则是指在促进内河集装箱运输系统协调发展时，应当在超前与适度之间找到一个结合点，从而以更小的投入创造出更高的效率和更大的效益。我国内河集装箱运输的发展，只有少量发达地区发展较好，大部分地区由于基础设施落后，内河集装箱运输不能适应地区经济社会的发展。

综合以上分析，内河集装箱运输系统协调发展主要通过内陆集疏港运输、码头中转、船舶运输三个子系统之间的自组织运动来实现，各子系统的自组织过程也是分工协作、共同发展、彼此配合的过程。因此，各子系统实现分工协作相对最优、各子系统功能和作用均得到充分的发挥，即各子系统都找到各自适合的发展空间，会促进内河集装箱运输系统整体上的和谐和稳定。各子系统分别在各自适合的领域内发展，还会在各自不能独自单独完成的某些领域内进行协作，最终实现“双赢”或者“多赢”的局面。各子系统的协调同样也是市场运作的结果，例如内河港口通过技术改造更新完善港口的装卸设施，可使内河港口集装箱通过能力大幅提升，增强对港口腹地货源的吸引力，由此，内河航运公司可增加船舶运输班次，这样又可增强始发、终到两端短途集疏港运输的市场竞争力，进一步扩大内河集装箱运输的服务范围。各子系统之间的协调发展应本着协同的原则，确定各子系统中影响子系统之间协调的薄弱环节。近年来，我国内河集装箱运输系统各子系统在业务规模、技术装备水平、服务质量等方面都取得了巨大的进步，但在自组织进程中，仍然存在着信息沟通不畅、能力不匹配、组织不顺畅等问题。因此，在政府宏观调控下，促进各子系统的协调发展，应当制定内河集装箱运输系统的总体发展规划，在注意加强各子系统能力的同时，要特别注意各子系统间的互相适应、彼此配合，找准解决子系统之间协调发展问题的切入点，促进内河集装箱运输系统整体的协调发展，实现内河集装箱运输系统整体功能的充分发挥。

3.4.2 内河集装箱运输子系统自组织演化过程研究

内河集装箱运输各子系统之间的协调对于整个系统的协调发展意义重大，而内河集装箱运输系统的耗散结构特征又决定了子系统之间的协调过程是一个自组织演化过程。本小节依据协同学理论，采用系统动力学方法对内河集装箱运输各子系统自组织演化过程进行研究，从理论上清晰地描述内河集装箱运输子系统协调发展的演化过程，为内河集装箱运输协调发展提供理论支撑。

3.4.2.1　内河集装箱运输子系统协调演化的动力学分析

内河集装箱运输系统由船舶运输、内陆集疏港、码头中转三个子系统构成，且每个子系统又都是一个复杂的系统。由于子系统之间相互影响、相互适应，当不存在以特定方式作用于系统的外力时，子系统协调的过程是从无序到有序、从低级有序到高级有序的自组织演化过程；当存在外部作用力时，该作用力的变化也是一种随机涨落。因此，可以用自组织运动方程[139]描述内河集装箱运输各子系统的相互作用和状态变化。

$$\left\{\frac{\mathrm{d}B}{\mathrm{d}t}=-a_1B+b_1\ (L,\ P)\ +F\ (t)\right. \tag{3-4}$$

式中：B，L，P——分别代表船舶运输、内陆集疏港、码头中转子系统；

a_1，a_2，a_3——分别代表 B，L，P 的变化率；

b_1，b_2，b_3——分别代表三个子系统 B，L，P 之间相互作用的影响大小程度；

$F(t)$——外部随机涨落的作用力；

t——时间。

当系统从无序向有序或者从低级有序向高级有序转化时，往往会达到一个临界状态，序参量决定系统最终的有序结构。序参量是子系统之间有序程度的参量，也是子系统相互协同的产物，一旦参序量形成，则发挥着支配子系统的作用，并且能够主宰系统演化过程。所以序参量既能表征和度量子系统协调效应，又可以度量整体系统状态。

3.4.2.2 内河集装箱运输子系统协调的自组织演化模型

协同学是协调理论的重要组成部分，它的研究对象主要是不同系统之间存在的协同现象，通过抓住不同系统的共性，用数学模型来描述和研究各个系统中的不同现象。本书采用郎之万方程作为主要研究工具来描述内河集装箱运输子系统协调的自组织演化。

(1) 郎之万方程

爱因斯坦通过对布朗运动进行宏观受力分析，从而建立了这种“无规则运动”的数学模型。一个布朗粒子受到两种力，第一种是重力，第二种是周围分子的作用力，周围分子通过碰撞作用于布朗粒子的力又可以分为三部分：第一部分是浮力；第二部分是黏滞阻力；第三部分是涨落很快、引起粒子无规则运动的随机力。一般研究粒子运动在水平面方向的投影，则重力和浮力均不出现，则运动方程为[140]：

$$m_B \frac{\mathrm{d}^2 x}{\mathrm{d}t^2}+\gamma \frac{\mathrm{d}x}{\mathrm{d}t}=F(t) \tag{3-5}$$

式中：m_B——布朗粒子质量；

γ——阻尼系数；

F——随机涨落力；

t——时间。

方程（3-5）就是布朗运动著名的郎之万（Langevin）方程。

(2) 子系统之间协调的自组织演化模型

在郎之万方程基础上构建子系统协调的自组织演化模型如下：

参考方程（3-5），对其两边积分后，构建内河集装箱运输子系统协调演化模型：

$$\frac{\mathrm{d}x}{\mathrm{d}t}=-\gamma x+f(B,P,L)+F(t) \tag{3-6}$$

式中：x——内河集装箱运输子系统协调状态变量；

f——协调作用函数；

B——船舶运输子系统；

P——码头中转子系统；

L——内陆集疏港子系统。

随机涨落力的存在表明，即便在临界点处出现一个非常微小的随机涨落力，都会使系统发生结构性变化，从而出现新的结构，并且朝越来越协调的状态发展，呈现一种自组织状态。在内河集装箱运输系统中，例如当出现新的技术创新、降低其中一个子系统的成本时，则另外两个子系统也要随之改变，使整个系统朝一个新的协调结构方向发展。

3.4.2.3 内河集装箱运输子系统协调的自组织演化轨迹

内河集装箱运输系统是一个由多个主体构成的开放系统，其自组织演化过程类似于人口增长过程，当主体规模相对较少时，其增长是迅速的，当主体规模相对多时，其增长率便会趋缓，而越靠近容量的上限时，增长率越低[141]。若初始数量较小，则在短时间内，由于市场空间充足，制约影响很小，内河集装箱运输系统组成部分的增长速度符合一定的指数增长规律；随着时间的增长，内河集装箱运输系统个体规模增大，制约的影响越来越大，迫使增长速度变慢而渐渐地达到饱和，进入平衡状态。因此，本书引入描述人口增长的 Logistic 模型来描述内河集装箱运输子系统协调的自组织演化轨迹。将方程（3-6）用 Logistic 方程进行简化，用如下数学模型描述：

$$\frac{\mathrm{d}x}{\mathrm{d}t}=rx(M-x) \tag{3-7}$$

式中：r——内河集装箱运输子系统协调程度成长速度系数；

M——内河集装箱运输系统协调程度的极限值。

该方程为内河集装箱运输子系统协调程度的成长速度方程。若

$r>0$，则$\frac{\mathrm{d}x}{\mathrm{d}t}>0$。对该方程通过分离变量，并对两边进行积分，得到方程通解：

$$x(t)=\frac{M}{1+\beta e^{rt}} \tag{3-8}$$

式中：$\beta=\frac{M}{x_0}-1$；

$x(0)=x_0$。

对内河集装箱运输子系统协调程度成长速度方程（3-7）继续求导，得到协调程度增长在任一个时刻的加速度方程如下：

$$\frac{\mathrm{d}^2 x}{\mathrm{d}t^2}=r^2 x(M-x)(M-2x) \tag{3-9}$$

当$\frac{\mathrm{d}^2 x}{\mathrm{d}t^2}=0$时，正处于状态曲线拐点，因为$0<x<M$，所以状态曲线的拐点出现在$x^*=\frac{M}{2}$处，代入方程（3-5）得：$t^*=\frac{\ln\beta}{r}$，此时$\frac{\mathrm{d}x}{\mathrm{d}t}=\frac{rM}{4}$。

对方程（3-9）继续求导得：

$$\frac{\mathrm{d}^3 x}{\mathrm{d}t^3}=r^3 x(M-x)[M(3+\sqrt{3}x)][M-(3-\sqrt{3}x)] \tag{3-10}$$

当$\frac{\mathrm{d}^3 x}{\mathrm{d}t^3}=0$时，处于状态曲线另两个拐点，此时可得：

$$x_1=\frac{M}{3+\sqrt{3}},\ x_2=\frac{M}{3-\sqrt{3}};$$

代入方程（3-5）得：

$$t_1=\frac{\ln\beta-\ln(2+\sqrt{3})}{r},\ t_2=\frac{\ln\beta-\ln(2+\sqrt{3})}{r},$$

此时：$$\left.\frac{\mathrm{d}x}{\mathrm{d}t}\right|_{t=t_1}=\left.\frac{\mathrm{d}x}{\mathrm{d}t}\right|_{t=t_2}=\frac{rM}{6}。$$

因此，内河集装箱运输子系统协调程度成长速度曲线有两个对称拐点$\left(t_1, \frac{rM}{6}\right)$和$\left(t_2, \frac{rM}{6}\right)$，且对应这两个点，演化曲线方程状态分别为：

$$x_1=\frac{M}{3+\sqrt{3}}, \quad x_2=\frac{M}{3-\sqrt{3}},$$

当 $t\to\infty$时，$t\to M$，$\frac{dx}{dt}\to 0$。

综合以上推导结果，可得内河集装箱运输子系统协调成长速度曲线和协调状态曲线如图 3－2 所示。

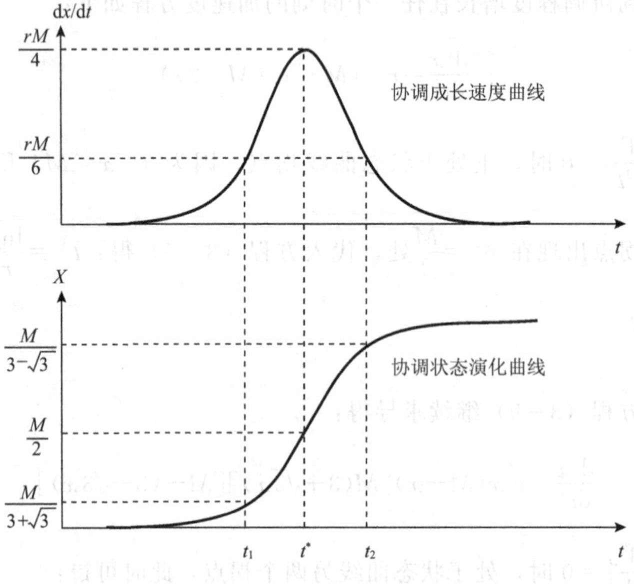

图 3－2 成长速度曲线与状态演化曲线图

根据以上对内河集装箱运输子系统之间协调成长曲线和状态演化曲线的分析，可以将协调状态按 S 曲线增长的演化过程分为四个阶段：

第一阶段：培育期（$0<t\leqslant t_1$）。

这一阶段在 $M>0$，$x_0>0$ 时，子系统之间协调成长速度与加速度都递增，成长速度曲线在上升阶段的拐点处$\left(t_1, \frac{rM}{6}\right)$，加速度达到最大值，此时子系统之间的协调程度达到最大值，即$\frac{M}{3+\sqrt{3}}$。也就是说，此时内河集装箱运输子系统协调关系初步形成，但是系统之间合作关系度较弱，但一旦形成紧密的合作关系，则系统之间的协调程度将呈现进一步成长势头。

第二阶段：成长期（$t_1<t\leqslant t^*$）。

该阶段，$\frac{d^2x}{dt^2}>0$，$\frac{d^3x}{dt^3}<0$，内河集装箱运输子系统之间协调程度的成长速度继续增加，但是加速度开始减少，当协调程度达到$\frac{M}{2}$时，成长速度达到该阶段的峰值。

第三阶段：成熟期（$t^*<t\leqslant t_2$）。

该阶段，$\frac{d^2x}{dt^2}<0$，$\frac{d^3x}{dt^3}<0$。表明内河集装箱运输子系统协调程度的成长速度和加速度都在递减。增长动力明显减弱。当协调程度达到峰值$\frac{M}{3-\sqrt{3}}$，负的加速度达到最大，因此该点也被称为成熟点，在该点到来之前，内河集装箱运输子系统之间的关系继续朝着协调方向发展。

第四阶段：衰退期（$t\geqslant t_2$）。

该阶段，$\frac{d^2x}{dt^2}<0$，$\frac{d^3x}{dt^3}>0$，表明成长速度递减，而加速度递增，使整个内河集装箱运输子系统之间向协调方向发展的速度越来越慢，越来越接近协调程度的峰值。此时，子系统之间的协调程度可能会进入新的生命周期，也使内河集装箱运输系统进入新的发展结构。

在前两个阶段，内河集装箱运输规模较小，内河资源比较丰富，环境制约较小。随着腹地经济社会的不断发展，为充分发挥内河集装箱运输系统的经济技术优势，内河航道等级越来越高，港口等基础设施越来越完善，船型标准化程度越来越高，大型化越来越明显，因此内河集装箱运输系统发展呈现指数式上升模式。进入成熟期后，环境容量趋紧，内河岸线资源越来越少，岸线后方土地资源也越来越少，需求供给达到平衡，内河集装箱运输系统规模增长速度逐渐减慢，与不同交通运输方式之间出现了一定的竞争协作，并且使得综合运输体系的经济技术优势得到充分发挥，从而内河集装箱运输系统增长最终趋于 0，增长稳定在饱和状态上，呈现对数式上升模式。

3.5 内河集装箱运输子系统内部协调发展理论分析

内河集装箱运输子系统内部各组成要素承担的任务不同，发挥着不同的作用，子系统内部协调发展对于整个内河集装箱运输系统的协调发展至关重要。研究内河集装箱运输子系统内部协调发展机理，主要从内部关联度和内部相互作用度两个角度去分析，以反映内河集装箱运输子系统内部的协调程度。

3.5.1 内河集装箱运输子系统内部关联度分析

内河集装箱运输子系统内部包括线路基础设施、运输节点基础设施、运输移动设备、运输软件等各种要素，内河集装箱运输子系统内部协调反映了每个子系统各构成要素之间的匹配程度，内河集装箱运输子系统内部关联可用如下模型表示：

$$G=\{P(x_{P1},x_{P2},x_{P3},x_{P4}),\ L(x_{L1},x_{L2},x_{L3},x_{L4}),\ B(x_{B1},x_{B2},x_{B3},x_{B4}),\ R,\ t\} \tag{3-11}$$

式中，G 表示子系统内部关联度；P，L，B 分别代表码头中转子系统、内陆集疏港子系统和船舶运输系统；x_{P1}，x_{P2}，x_{P3}，x_{P4}分别代表码头中转子系统的线路基础设施、运输节点基础设施、运输移动设备、运输软件等构成要素；x_{L1}，x_{L2}，x_{L3}，x_{L4}分别代表内陆集疏港子系统的线路基础设施、运输节点基础设施、运输移动设备、运输软件等构成要素；x_{B1}，x_{B2}，x_{B3}，x_{B4}分别代表船舶运输子系统的线路基础设施、运输节点基础设施、运输移动设备、运输软件等构成要素；R代表关联关系，是内河集装箱运输子系统内部构成要素之间的相关关系集合，这种关联关系是子系统内部构成要素之间通过直接的多重关联而形成的复杂的多效应关系，具有多元性、交互性和动态性等基本特征；t为时间，体现了动态特性。

对内河集装箱运输子系统内部构成要素相互影响、相互作用的关系强弱的度量被称为内部关联度，用G来表示，是关联关系R的标量函数$G=P(R)$内河集装箱运输子系统内部构成元素关联关系分为两类：①弱关联性：指关联度、正作用和负作用均很弱的关系；②强关联性：指关联度、正作用和负作用均很强的关系。强关联性又可分为如下三种类型：一是恶性循环型关系，即某一构成要素在发展过程中，一味追求自身的快速发展，而忽视了与其他要素负作用关联关系，从而导致子系统的恶化，子系统的恶化又导致其他构成要素发展停滞或者衰退，这种恶化相互促动，从而形成恶性循环，最终演变为恶性循环型关系。二是过渡型关系，即某一构成要素在追求快速发展的同时，忽视了与其他要素负作用关联关系，从而导致子系统的恶化，但由于子系统反馈作用存在滞后性，其恶化没有对子系统发展构成强制作用，这种关系则构成了过渡型关系。三是良性循环关系，即当某一构成要素在发展的同时，兼顾了其他构成要素的发展，相互之间相互促进、相互配合，则使子系统演变为良性循环关系。

内河集装箱运输子系统内部构成要素相互关联、相互制约，关联度越大，表明耦合关系越强，往往牵一发而动全身。内河集装箱运输子系统内部协调，即是子系统内部构成要素之间的关联度处于良性循环的强关联型关系，此时也会促进子系统内部的协调，进而促进整个内河集装箱运输系统朝着协调方向发展。

3.5.2 内河集装箱运输子系统内部相互作用度分析

内河集装箱运输子系统内部构成要素，即线路基础设施、运输基础设施、运输移动设备、运输软件等要素随着时间的推移可能会产生变化，则他们之间的相互作用强度也因此会发生变化。各子系统构成要素之间的相互作用可用行为矩阵来描述，某一时刻内河集装箱运输子系统内部构成要素之间的作用行为矩阵如下：

$$Z=|z_{ij}|=\begin{vmatrix} z_{11} & z_{12} & z_{13} & z_{14} \\ z_{21} & z_{33} & z_{23} & z_{24} \\ z_{31} & z_{32} & z_{33} & z_{34} \\ z_{41} & z_{42} & z_{43} & z_{44} \end{vmatrix} \tag{3-12}$$

式中：$i=j$ 当时，$z_{ij}=0$，当 $i\neq j$，u_{ij} 表示要素 i 对要素 j 的影响系数，在时间跨度比较长时，z_{ij} 会随着时间的推移而变化，如果时间跨度很短时，z_{ij} 通常为一个确定的常数。子系统内每个构成要素 x_i 受到其他要素的作用度可用如下矩阵表示：

$$Z=\sum_{j=1}^{4} z_{ij}=\begin{vmatrix} \sum_{j=1}^{4} z_{1j} \\ \sum_{j=1}^{4} z_{2j} \\ \sum_{j=1}^{4} z_{3j} \\ \sum_{j=1}^{4} z_{4j} \end{vmatrix} \tag{3-13}$$

当$\sum_{j=1}^{4} z_{1j}=\sum_{j=1}^{4} z_{2j}=\sum_{j=1}^{4} z_{3j}=\sum_{j=1}^{4} z_{4j}$时，即各子系统内部构成元素之间的互相作用力彼此相等的时候，子系统内部达到最协调状态，将促进整个内河集装箱运输系统朝着更协调的方向发展。

3.5.3 内河集装箱运输子系统自组织特征

内河集装箱运输子系统也具有自组织特征，在市场经济条件下，每个子系统也会通过自组织运动各自向有序方向发展。虽然目前在发展过程中表现出“无序”状态，但根据协同学理论可知，处于混乱或远离平衡状态下的子系统，通过与外界进行物质、能量和信息交换，子系统和构成要素在市场机制的作用下，必然会产生一种自发的协同效应，会促进子系统朝着有序方向发展。例如，通过对信息系统的完善，可使各子系统和构成要素之间的信息沟通更加畅通，从而使无序情况减少。

近年来，我国内河集装箱运输系统呈现快速发展态势，从线路基础设施看，内河航道等级不断提升，集疏港公路技术等级和路面等级也得到明显提高；从运输基础设施看，我国内河集装箱港口设施设备不断完善，专业化集装箱码头数量和集装箱场站数量明显增加；从运输移动设备看，内河集装箱标准化船型不断增多，大型化趋势明显；从运输软件上看，信息技术的科技含量日益提高，运输组织管理水平不断提高。各子系统均呈现出良好的发展态势，有政府宏观调控的影响，也是各子系统相互促进、彼此适应的自组织运动的结果。但各子系统自身在发展过程中，也表现出很多的不足，例如由于路网结构不合理，致使内陆集疏港公路发展相对滞后，滞港现象时有发生；内河港口通过能力不足，导致船舶压港；集疏港车辆陈旧，老旧车辆仍在运行，能耗高、空驶多、效率低下，造成集疏港成本居高不下；运输组织不科学，运输服务质量低，安全水平也不高。

本书研究认为，各子系统在各自发展过程中所存在的诸多问题，以及出现的不协调现象的深层次原因，主要是由于各子系统发展主体不同，又有不同的发展特性，各自在自组织运动过程中的发展机理又不同。对于航道等线路基础设施，其建设和管理的主体是政府，其建设和发展主要是依据内河航道网规划，与其他三项构成要素相比，该要素受到宏观调控的影响比较大。对于港口、场站等运输节点设施，其建设和管理的主体是政府和企业，港口的建设要依据港口总体规划，而经营管理则是企业行为。对于运输移动设备和运输软件，其运行主体都是企业。因此，为了实现各子系统的协调发展，各子系统应以整个内河集装箱运输系统协调发展为出发点，彼此互通信息，积极主动地相互配合发展。

综上所述，各子系统在实现各自协调发展的过程中，一定要明确各子系统以及构成要素的发展特征、发展主体，在此基础上实现各个子系统之间资源的最优配置，也要同时兼顾各子系统之间的内在联系。

3.6 本章小结

本章运用系统理论、协调理论和经济学理论，对内河集装箱运输系统协调发展理论进行了全面分析，得出以下研究结论。

第一，内河集装箱运输系统协调发展的内涵为：以满足特定区域运输需求和系统的综合效率与综合效益最大化为目标，在政府合理的宏观调控下，在经济、社会、生态环境、资源、综合运输体系等影响下，子系统及构成要素形成的相互配合、相互促进和相互适应的一种良性动态发展态势。

第二，在经济学理论基础上，分析内河集装箱运输系统与公路运输相比具备竞争力的前提条件，揭示内河集装箱运输系统竞争力的机理。

第三，内河集装箱运输系统与外部协调发展，主要包括与经济、社会、综合运输体系、自然资源和生态环境的协调发展。

第四，内河集装箱运输子系统之间协调主要表现在结构协调、能力协调、组织协调、信息协调和技术设备等几个方面，内河集装箱运输系统的耗散结构特征决定了子系统之间的协调过程是一个自组织演化过程。

第五，内河集装箱运输子系统内部各子系统在实现各自协调发展的过程中，一定要明确各子系统以及构成要素的发展特征、发展主体，在此基础上实现各个子系统之间资源的最优配置，也要同时兼顾各子系统之间的内在联系。

4 内河集装箱运输系统协调发展机制研究

内河集装箱运输系统是由三个子系统及众多构成要素组成的复杂系统，并且子系统之间的协调发展对整个内河集装箱运输系统的竞争力会产生重大影响，每个子系统又有很多不同的成员企业，要使这个复杂的系统实现协调发展，必须要有相适应的机制来约束各成员企业，保障内河集装箱运输系统发挥其优势和功能，否则也会出现不协调的现象。本章从机制角度，研究内河集装箱运输子系统之间的协调发展问题。

4.1 内河集装箱运输系统协调发展机制的内涵

4.1.1 机制的内涵

机制[142]一词最早源于希腊文，原指机器的构造和动作原理。生物学和医学在研究一种生物的功能时，常说分析它的机制，用机制这个概念表示有机体内发生生理或病理变化时，各器官之间相互联系、作用和调节的方式。后来人们将机制一词引入经济学研究，用经济机制一词来表示一定经济肌体内各构成要素之间相互联系和作用的关系及其功能。在任何一个系统中，机制都起着基础性的、根本的作用。

在理想状态下，有了良好的机制，可以使一个社会系统接近于一个自适应系统，即在外部条件发生不确定变化时，能自动地迅速做出反应，调整原定的策略和措施，实现优化目标。

4.1.2 内河集装箱运输系统协调发展机制的内涵

内河集装箱运输系统的构成要素至少由三个以上独立的企业组成，为了实现整个系统的协调发展，需要各个企业之间密切合作，需要在各自的发展规划、技术、管理以及创新等方面进行充分的协调，从而能够发挥出大于单个企业功能简单加总的效应；如果企业之间无法实现协调发展，则必然会产生矛盾和冲突。内河集装箱运输系统协调发展机制就是基于系统内各成员企业之间存在的利益矛盾而提出的，该机制决定着系统成员企业之间的合作效率，是内河集装箱运输系统协调发展的重要内容。

基于以上认识，所谓内河集装箱运输系统协调发展机制是指与内河集装箱运输系统相关的信息、货物以及资金等资源能够畅通、无缝地在系统内传递，减少因为信息不对称而造成的各成员企业之间的不确定性，并且能够消除因系统内成员企业目标不同而引起的利益冲突，从而为提高内河集装箱运输系统协调发展程度而采取的措施。

内河集装箱运输系统中相邻的成员企业之间是买方和卖方的关系，买卖双方应当对彼此的需求做出快速的反应。通过建立协调机制，尽可能地减少双方的交易成本，及时快速地将货物交付到买方。在市场经济条件下，内河集装箱运输系统内的成员企业都是独立的利益主体，都是以利益最大化为目标，如果彼此之间缺乏有效的协调机制，相互之间的协调发展就是一句空话，即使两个成员企业来自于同一个利益集团，也会导致彼此之间的信息不对称，因此构建彼此都能够自觉遵守的协调机制就非常有意义。该机制要求各成员企业在考虑自身利益的同时也要采取有利于对方的协调策略，才能促进内河集装箱运输系统的协调发展，从而提升全系统的竞争力。

4.2 内河集装箱运输系统协调发展机制的形成条件和分类

4.2.1 内河集装箱运输系统协调发展的形成条件

（1）系统协调发展的外部机制

企业之间的合作是需要具备一定条件的，只有当参与合作的企业的收益大于等于因参与合作而引起的直接收益的损失，即机会成本，企业才有动力参与合作，这与博弈论中的“理性经济人”的假设是相一致的。

假设 $f(i, j)$ 为内河集装箱运输系统中的两个成员企业之间的协调关系，且 $\forall i, j \in n$，n 为内河集装箱运输系统成员企业个数。当两个企业不存在需要协调的关系时，$f(i, j)=0$；当存在需要协调关系的时候，记 α_i^j、β_i^j 分别为 i 从 $f(i, j)$ 中获得的收益和由于参与合作所产生的机会成本，当 $\alpha_i^j \geqslant \beta_i^j$ 时，成员企业 j 才愿意与成员企业 j 进行合作；同理，也只有 $\alpha_j^i \geqslant \beta_j^i$，成员企业 j 才愿意与成员企业 i 进行合作。总的来说，当 $\alpha_i^j \geqslant \beta_i^j$，且 $\alpha_j^i \geqslant \beta_j^i$ 时，内河集装箱运输系统内的两个成员企业 i 和 j 的协调发展关系才能形成。

（2）系统协调发展的内部机制

由于内河集装箱运输系统内参与合作的成员企业具有不同的实力，因此在合作的过程中所获得的收益会存在一定差异。如果收益少的成员企业不能获得合理的收益补偿，他们则认为没有获得协调剩余的分配，因此也很难达成合作。夏普利值方法是合作博弈的核心，是针对多个合作人之间对策提出的利益分配方法，可以借鉴该方法，制定为了保证达成合作的目的，在成员企业之间构建利益转移的机制，这就是内河集装箱运输系统协调发展的内部机制。

根据文献［143］的推导，位于核心的夏普利利益分配矢量给参与合作成员的利益补偿量为：

$$Q_i=\frac{1}{2}\sum_{i\neq j}^{n}[(\alpha_j^i-\beta_j^i)-(\alpha_i^j-\beta_i^j)]\quad i-1,2,3,\cdots,n$$

对于需要协调的任意两个成员企业 i 和 j，α_i^j 是 i 和 j 不合作带来的收益，β_i^j 是 i 和 j 不合作带来的损失，因此（$\alpha_j^i-\beta_j^i$）表示 i 与 j 不协调发展的净收益，（$\alpha_i^j-\beta_i^j$）表示 j 与 i 不协调发展的净收益。因此，合作中获益较少的成员企业一定要从合作中受益较多的成员企业那里得到一定的补偿，才能达成合作。同时，收益多的成员企业在补偿收益少的成员企业后的收益依然要比合作前有所提高。因此，通过利益补偿机制可以充分激励和约束内河集装箱运输系统的协调发展，通过这个内部机制可以使系统内合作的成员企业都获得合理的收益。

4.2.2　内河集装箱运输系统协调发展机制的分类

4.2.2.1　信任机制

当前，内河集装箱运输系统内成员企业之间的合作不尽如人意，影响系统的协调发展，很重要的一个原因就是成员企业之间互不信任，而信任是合作关系的基础。为加强成员企业之间的合作，培养成员企业之间的信任是核心，如果成员企业间拥有了信任，则可以减少成员企业之间的摩擦，也可以提高成员企业之间的凝聚力，从而提高成员企业的竞争力。

(1) 系统成员企业之间的信任特点

第一，差别性。从完全不信任到完全信任具有不同程度的差别性，完全信任是彼此确信对方的行为、观念等；完全不信任是彼此确信对方采取了背离信任的行为。内河集装箱运输系统内成员企业众多，相互之间的信任程度却不一样。

第二，感染性。对于成员企业，当一方得到另一方信任的时候，另一方也会由于对方的信任而做出信任的选择；相反，由于一方的不信任，也招来另一方的不信任，另一方很可能采取报复行为。因此，信任与不信任就在彼此合作过程中受到感染。

第三，复杂性。由于内河集装箱运输系统本身具备复杂性，其成员企业之间的合作关系也必然复杂，当彼此的信任程度不同的时候，信任就存在了一定程度的不对称性，这种不对称使合作模式也更加复杂。

(2) 系统成员企业之间的不信任带来的后果

内河集装箱运输系统成员企业之间由于不信任会带来如下不良后果：

第一，增加成员企业之间的交易成本。由于系统内部信息不对称，造成内河集装箱运输系统内成员企业的信任程度不高，同时，成员企业之间又是买卖关系，从而会增加系统内的交易成本。

第二，阻碍成员企业之间的合作。成员企业之间不信任，当不可预见的事件发生时，双方的责任感都会减退，不再去谋求双方的共同利益，从而会进一步阻碍成员企业之间的合作。

第三，降低成员企业的反应能力。成员企业之间的不信任，会增加彼此之间的矛盾，为解决这些矛盾需要进行谈判和协商，从而耗费时间；同时，由于彼此之间不能准确快速地交换信息，在应对突发事件时就需要增加人、财、物力的投入，造成整个系统反应迟钝。

为消除上述不信任带来的不良后果，需要成员企业重新选择合作伙伴，这就意味着成员企业又将重新面临较大的行为和合约风险，影响内河集装箱运输系统的协调发展。

(3) 成员企业信任的博弈分析

内河集装箱运输系统成员企业之间通过信任可以促进系统的协调发展，但是成员企业在追求各自的利益最大化时，往往整体目标会与个体目标发生冲突，成员企业之间的约定也不能得到遵守，造成成员企业之间更加不信任。本书利用博弈论对成员企业之间的信任进行分析。

假设内河集装箱运输系统内两个成员企业 A 和 B 存在博弈关系，成员企业之间的信任合作需要博弈双方投入，其中 A 的投入比例为 α，$0<\alpha<1$，B 的投入比例为 β，$0<\beta<1$，且 $\alpha+\beta=1$，令 $\alpha>\beta$。假设 A，B 合作总投入为 I，A 的信任投入记为 I_A，则 $I_A=\alpha I$；同样 B 的信任投入记为 I_B，则 $I_B=\beta I$。A，B 通过信任合作产生了共同收益，记为 E，假设 A，B 合作收益与前期投入成正比，则 A 和 B 的信任合作收益分别为 $E_A=\alpha E$，$E_\beta=\beta E$，则 $E=E_A+E_\alpha$。合作收益的大小与 A，B 之间的信任程度存在紧密联系，由于信任有利于降低交易成本，从而促进合作收益的提高，令 $I=\varepsilon E$，ε 为收益转换系数，且 $0<\varepsilon<1$；假设 γ 为信任系数，且 $0<\gamma<1$，当 $\gamma=0$ 时，表示彼此完全不信任，当 $\gamma=1$ 时，表示彼此完全信任。令 $\varepsilon=1/(1+\gamma)^{n+1}$，$n$ 表示双方以前合作过的次数。可以得出，当 A，B 之间彼此信任达成合作时，合作收益 $W=E-I=(1-\varepsilon)E=[1-1/(1+\gamma)^{n+1}]\ E$。A，B 博弈收益见表 4-1。

表 4－1 成员企业博弈收益表

概 率	$T_B(q)$	$N_B(1-q)$
$T_A(p)$	a,b	e,f
$N_A(1-p)$	c,d	g,h

当 A，B 选择策略为（T_A，T_B）时，即 A，B 双方采取彼此信任的策略，则 A，B 的收益分别为：

$$a=E_A-I_A=(1-\varepsilon)\alpha E=\left[1-\frac{1}{(1+\gamma)^{n+1}}\right]\alpha E,$$

$$b=E_B-I_B=(1-\varepsilon)\beta E=\left[1-\frac{1}{(1+\gamma)^{n+1}}\right]\beta E。$$

当 A，B 选择策略为（N_A，T_B）时，即 A 采取不信任 B 的策略，而 B 采取信任 A 的策略，此时，B 的信任投入就是 A 的收益，则 A，B 的收益分别为：

$$c=I_B=\beta\varepsilon E,$$

$$d=-I_B=-\beta\varepsilon E。$$

当 A，B 选择策略为（T_A，N_B）时，即 A 采取信任 B 的策略，而 B 采取不信任 A 的策略，此时，A 的信任投入就是 B 的收益，则 A，B 的收益分别为：

$$e=-I_A=-\alpha\varepsilon E,$$

$$f=I_A=\alpha\varepsilon E。$$

当 A，B 选择策略为（N_A，N_B）时，即 A，B 双方采取彼此不信任的策略，则 A，B 的收益分别为 0，即 $g=0$，$h=0$。

综合以上对内河集装箱运输系统成员企业信任的博弈分析，双方在采取信任策略时，双方的收益最高。同时，成员企业被背叛（即自己选取信任策略，对方选取不信任策略）的收益，以及成员企业背叛（即自己选取不信任策略，对方选取信任策略）的收益共同决定了成员企业是否选择信任对方，只有提升被背叛带来的收益、降低企业背叛的收益，才能促使企业选择信任对方并与之合作的策略。

4.2.2.2 信息共享机制

内河集装箱运输系统协调发展建立在各个成员企业之间及内部的信息高质量传递和共享的基础上，信息共享能促进系统成员企业的相互信任，促进这些成员企业紧密合作，共同应对市场需求的快速变化。信息共享还能使成员企业减少不确定性，从而减少由于信息不对称给企业带来的损失。因此，构建信息共享机制，能够促进内河集装箱运输系统的协调发展。

(1) 信息溢出

在成员企业中信息共享，必然会涉及信息溢出的过程。国内将信息溢出定义为信息从组织内一个部门流到另一个部门或流到组织外的过程。合作中的信息溢出是指信息在交流和使用过程中，即使合作者主观上并不想窃取信息，也会获得一部分信息。当成员企业从已有的信息中获取了利益，但是却没有因此支付相关费用，于是就产生了信息溢出效应。

(2) 信息溢出负效应

第一，在成员企业合作过程中，只有一方先溢出自身的信息内容才能使另一方判断是否应该进行这次合作，但是往往信息被溢出时，一方便了解到了信息的核心，这样信息也就丧失了交易的价值，也无法促成成员企业之间的合作。

第二，信任是成员企业合作的基础，但是成员企业总是担心信息溢出会给其他企业带来额外收益，从而使成员企业之间利润分配不均，进而影响主动信息溢出的积极性，也会造成成员企业之间更加不信任对方。

第三，在内河集装箱运输系统发展过程中，如果成员企业获得其他成员企业主动的信息溢出增强了竞争力，从而获得了更多的市场份额，这会引导成员企业都希望通过“搭便车”的方式获取其他企业的信息溢出，从而导致恶性竞争的发生。

(3) 成员企业信息溢出的博弈分析

由于信息溢出存在的负效应，所以内河集装箱运输系统成员企业之间互不信任，都希望等到对方付出行动主动溢出信息后才考虑进一步合作，因此对于缺乏信任的企业来说，主动表露良好的合作意向能促成彼此的合作，因此应当采取由被动溢出向有限度的主动溢出转变的策略以便能够解决该矛盾。

假设内河集装箱运输系统内存在两个有合作意向的成员企业 A 和 B，A 拥有信息，想通过与 B 的合作获得收益，B 将 A 的主动信息溢出视为诚意合作的信号，并根据 A 的主动信息溢出的程度采取积极的态度，从而促成合作的成功，B 为这次合作的投资设为 I。设 α 为 A 信息溢出的主动程度，是一个分布于（0，1）区间的随机的变量，当 $\alpha=0$ 时，表明 A 不愿意主动信息溢出，可以被认为完全没有合作意向；当 $\alpha=1$ 时，表明 A 完全主动信息溢出，可以被看作是信息被完全暴露。由于 A 是理性的经济人，虽然为了推进合作会主动溢出部分信息，但不会完全溢出所有信息，所以 α 等于 0 和 1 的可能性都不大，α 是在（0，1）随机分布的，α 越大，A 的信息溢出主动性越强。假设 α 在趋向于极限 1 时的收益为 M，双方的合作收益以 P 的比例分配，即 A 获得 PM 的收益，B 获得 $(1-P)M$ 的收益，这个收益是期望的理想状态收益，双方会紧密合作，并且收益趋于最大化。实际上，在合作过程中，A 不可能完全信息溢出，而是以 α 的程度部分地溢出，所获得的收益实际为 R，双方仍按照 P 的比例分配收益，A 获得 PR，而 B 获得 $(1-P)R$。α 能够控制收益的大小，A 越主动信息溢出，α越大，收益越高；反之，α越小，收益也越低。假设实际收益与期望收益之间存在如下关系：$R=\alpha M$。

假设A的主动信息溢出的概率为Q，则被动信息溢出的概率为$1-Q$，B会根据A的主动程度再选择自己的策略，B与A开展合作的条件是：

$$Q[(1-P)M+(1-Q)(1-P)R]>1$$

可得出：$M>\dfrac{I}{Q(1-P)+(1-Q)(1-P)\alpha}$

对M求偏微分：$\dfrac{\partial M}{\partial \alpha}=\dfrac{I(1-Q)(1-P)}{[Q(1-P)+(1-Q)(1-P)\alpha]^2}$

$$=-\frac{I(1-Q)}{[Q(1-Q)\alpha]^2(1-P)}$$

式中：I，$1-Q$，$1-P$，以及$[Q(1-Q)\alpha]^2$均大于零，所以$\dfrac{\partial M}{\partial \alpha}<0$，说明随着$\alpha$的增大，合作方对$M$的要求在逐步降低。

通过以上对信息溢出的博弈分析，随着内河集装箱运输系统内成员企业主动信息溢出的程度提高，合作企业会认为成员企业表达了积极的合作诚意和态度，合作企业也会积极投入合作，并且对合作收益的期望值逐步降低，当信息溢出达到一定程度时，即便合作收益较低，双方也会积极促进合作成功。这可以说明内河集装箱运输系统内成员企业主动溢出部分信息能够促进成员企业之间的合作，还能够减少信息溢出的负效应，从而促进内河集装箱运输系统的协调发展，这也是构建信息共享机制的前提。

4.2.2.3 利益分配机制

内河集装箱运输系统内成员企业之间的利益分配如果不公平，将直接会影响受损方合作的积极性，进而有可能导致合作关系的破裂，因此需要构建一种机制来平衡各方利益，此机制的构建可以使受损方的利益通过其他渠道获得补偿，使其愿意继续合作下去，从而使各成员企业的长期利益能够得到保障。

(1) 系统成员企业利益分配的影响因素

通常，能够对利益产生做出贡献的因素就是利益分配的影响因素，主要包括以下几个方面：

第一，投入资源。在任何社会活动中，资源都具有稀缺性，企业占有资源都希望获得利益。各成员企业在内河集装箱运输系统运行及发展过程中都会投入各自的资源，也都在为实现系统协调发展进行努力，因而都有享受利益的权利。由于每个成员企业在系统中的地位和作用不同，所掌握资源的重要性也不同，因此在利益分配时不能以企业投入的资源成本价值 C_i 为依据，而应根据其重要程度设置一个调节系数 μ_i，即 i 企业投入的资源价值 $I_i=\mu_i C_i$。如果资源对于内河集装箱运输系统协调发展很重要，则 $\mu_i>1$，否则 $\mu_i<1$，如果对内河集装箱运输系统协调发展起副作用，则 $\mu_i<0$。由于成员企业种类比较多，投入的资源也比较多，所以设第 i 个成员企业投入的资源有 n 种，那么调节系数就构成了一个向量（μ_{i1}，$\mu_{i2}\cdots$，μ_{in}），则系统内成员企业投入资源的总价值为：

$$I_i=(C_1, C_2, \cdots, C_n)\times(\mu_{i1}, \mu_{i2}\cdots, \mu_{in})^T$$

第二，风险。内河集装箱运输系统在运行和发展过程中会出现很多不确定性因素，因此在利益分配时，要充分考虑利益分配和风险之间的关系，否则成员企业就没有承担风险的积极性了。风险分为很多种，包括市场、技术、合作等风险，还包括可能失败的风险。通常，投入越大的企业所要承担的风险越大。

第三，努力程度。内河集装箱运输系统内成员企业为系统协调发展所做的努力程度也应当是利益分配时考虑的重要因素，它一般用有效工作时间来衡量其努力程度，一般有效工作时间等于实际工作时间乘以调节系数。

(2) 系统成员企业利益分配的协商模型

如果希望内河集装箱运输系统成员企业之间有动力合作，则其因合作获得的利益应大于其不参加合作的机会成本。但通常在利益分配过程中，提出的利益分配方案不一定能够满足每个参加合作成员企业的期望，甚至有时还存在利益冲突。另外，随着内河集装箱运输系统发展环境的变化，成员企业投入资源的重要程度也可能将发生重大变化，从而使企业的投入、风险等都发生变化，因此，利益分配需要进行协商。本书将不对称纳什协商模型引入内河集装箱运输系统利益分配之中。

针对多人协商，纳什曾提出多人协商的谈判模型，在此基础上，Harsanyi 等人提出了不对称纳什协商模型，表述如下[144]：

令 $N=\{1, 2, \cdots, n\}$ 为参与者集合，当达不成协议时的支付分配集为 $\{d_1, d_2, \cdots, d_n\}$，当参与者采取不合作策略时，可以得到这一支付，则对所有参与者 i 用多人协商模型表示为：

$$\max\Pi(u_i-d_i)^{\bar{\omega}_i}$$

$$s.t.\begin{cases}u_i\geqslant d_i\\u_i\in S\end{cases}。$$

式中，u_i 表示协商后的结果，d_i 表示谈判起点，S 表示协商域，$\bar{\omega}_i$ 表示参与者 i 的谈判能力，且 $\sum_{i=1}^{n}\bar{\omega}_i=1$；$u=\{u_1, u_2, \cdots, u_n\}$ 为上述模型的解，被称为纳什均衡解，表示通过协商使所有参与者都得到相对满意的支付。

下面应用不对称纳什协商模型求解内河集装箱运输系统成员企业利益分配方案。假设理想分配方案为 $P=\{p_1, p_2, \cdots, p_n\}$，最佳折扣系数方案为 $\{x_1, x_2, \cdots, x_n\}$，设以成员企业不理想方案 $P^-=$

$\{p_1^-, p_2^-, \cdots, p_n^-\}$ 为协商起始点，则内河集装箱运输系统成员企业利益分配不对称纳什协商模型可表示如下：

$$\max\{(p_1-x_1-p_1^-)^{\bar{\omega}_1}, (p_2-x_2-p_2^-)^{\bar{\omega}_2}, \cdots, (p_n-x_n-p_n^-)^{\bar{\omega}_n}\} \tag{4-1}$$

$$s.t.\begin{cases}\sum_{i=1}^{n}(p_i-x_i)=1 \\ p_i-x_i \geqslant p_i^-\end{cases}, \quad i=1, 2, \cdots, n \tag{4-2}$$

式（4－1）为不对称纳什协商模型的目标函数，其中 p_i-x_i 为第 i 个成员企业最终利益的分配系数，而 $p_i-x_i-p_i^-$ 则表示第 i 个成员企业最终利益分配系数与不理想系数之间的差距。很显然，第 i 个成员企业满意度随两者差距而变化，差距越大，满意度越高。$\bar{\omega}_i$ 表示成员企业在系统内的贡献率，所有成员企业的贡献率 $\bar{\omega}=\{\bar{\omega}_1, \bar{\omega}_2, \cdots, \bar{\omega}_n\}$，且 $\sum_{i=1}^{n}\bar{\omega}_i=1$。目标函数的最优解就是通过协商使得内河集装箱运输系统内所有成员企业都能得到一个满意的利益分配。式（4－2）为约束条件，$\sum_{i=1}^{n}(p_i-x_i)=1$ 表示所有成员企业的最终利益分配系数之和等于1，$p_i-x_i \geqslant p_i^-$ 表示第 i 个成员企业的最终分配系数不能低于 p_i^-。

利用库恩—塔克条件求解式（4－1）和式（4－2）：

$$x_i = p_i - p_i^- - \bar{\omega}_i(1-\sum_{i=1}^{n}p_i^-) \quad i=1, 2, \cdots, n \tag{4-3}$$

式（4－3）为第 i 个成员企业通过协商后的折扣分配系数，则可得出第 i 个成员企业最终的利益分配系数 $p_i = p_i^- + \bar{\omega}_i(1-\sum_{i=1}^{n}p_i^-)$，$i=1, 2, \cdots, n$。因此，利用不对称纳什协商模型所得到的第 i 个成员企业的最终利益分配系数可以认为是由两部分组成，p_i^- 可被视为协商的基点，$\bar{\omega}_i(1-\sum_{i=1}^{n}p_i^-)$ 是协商后的利益补偿额，第 i 个成员企业在内河集装箱运输系统内的贡献率 ω_i 通常根据投入资源、所承担风险和努力程度所决定。

综合以上分析，一个能够激励各方且能让各成员企业满意的利益分配机制是企业成员之间实现无缝对接、减少合作摩擦和系统内耗的前提条件，构建利益分配机制能够促进内河集装箱运输系统协调发展。

4.3 内河集装箱运输系统协调发展机制的构建

4.3.1 信任机制的构建

信任对于内河集装箱运输系统的协调发展发挥着重要作用，如果系统内成员企业之间缺乏信任，将严重影响内河集装箱运输系统的运行及协调发展，因此培养系统内成员企业之间的彼此信任是内河集装箱运输系统协调发展的关键。根据以上关于信任机制的分析，应采取如下信任机制构建策略。

(1) 合理分配系统内成员企业的投入

内河集装箱运输系统内成员企业合作从本质上看就是利他主义行为的互动，关键一方要设身处地为另一方利益着想，让彼此感到都在为对方的利益而努力，这是合作的前提条件。合理地分配系统内成员企业对信任的投入有利于提高彼此的信任，从而为系统内成员企业全方位合作创造条件。因此，合理的投入分配能够增加系统内成员企业的满意度，从而促进内河集装箱运输系统的协调发展。

(2) 有效增加系统内成员企业之间的合作次数

内河集装箱运输系统内成员企业之间合作次数越多，彼此之间的信息交流和信息反馈也就越频繁，从而使成员企业之间更加完全地掌握彼此的信息。当成员企业感觉选择信任策略会带来更大利润空间的时候，最初不信任的个体也就会转向选择信任策略，从而彼此形成一种默契，逐步建立起长期稳定的合作关系。信任具有积累性和连续性，即合作次数越多，彼此之间越信任，从而构成一种良性循环。由于内河集装箱运输系统资源投入较大，投资回收期也比较长，因此系统内成员企业要通过多次合作来达到彼此信任的目标。

(3) 选择正确的合作伙伴

选择正确的合作伙伴对于内河集装箱运输系统内成员企业至关重要，这也是成员企业之间能够建立信任的关键，通常选择合作伙伴会考虑对方的声誉、规模和信息共享等三方面因素。良好的声誉容易在成员企业中传播，从而提高自身的被信任程度；成员企业通常规模越大，越容易建立对它的信任，因为规模越大、市场份额越高，表明该成员企业有较好的信誉，一贯会遵守诺言，使其他成员企业足够信任该企业；如果成员企业愿意与其他成员企业分享信息，那么说明它具有合作的诚意，共享信息越多，合作的诚意越大，彼此信任程度越深。

(4) 建立可信任形象

建立自我可信任的形象是成员企业与其他成员企业合作的前提，由于信任存在非对称性，往往会导致反向选择行为的发生，因此成员企业在与其他成员企业合作前有必要建立自我可信任形象，通过形象获取彼此的信任和了解。成员企业可以通过加强与其他成员企业的接触，通过建立良好的声誉、快速响应、争取长期的合作关系等方式建立自我可信任形象。

4.3.2 信息共享机制的构建

如果内河集装箱运输系统成员企业能够主动信息溢出，那么就能够促成成员企业之间达成合作，因此可以采取以下策略。

(1) 建立有效的信息共享激励

内河集装箱运输系统成员企业之间信息共享的前提条件，是成员企业有信息共享的意愿，解决这个问题的关键就是建立有效的物质、非物质奖励或者惩罚体系，从而使系统更好地利用信息资源，提高运行效率，进而实现系统的协调发展。对主动信息共享成员企业根据其贡献程度给予不同程度的奖励，对损害信息共享的成员企业可通过罚款、中断合作、系统内通报等方式进行物质或非物质性惩罚。

(2) 培育系统内成员企业信息共享的信用

内河集装箱运输系统成员企业进行信息共享时，往往会面临其他成员企业不共享信息的风险，合作的失败往往不是因为缺少合作的愿望，而是缺少与其他成员企业合作的信心。因此，只有创造相互信任的氛围，才能发挥信息共享的效用，信用也是成员企业之间信息共享能够顺利进行的前提条件。

(3) 强化信息共享和学习的能力

信息共享和学习的能力也是内河集装箱运输系统成员企业之间信息交易的能力，因此，有必要强化信息共享和学习能力，从而减少成员企业之间信息交易成本，保障企业之间信息共享顺利达成，实现整个系统的信息共享，从而促进系统的协调发展。

4.3.3 利益分配机制的构建

内河集装箱运输系统成员企业之间的利益分配是一个很难量化的变量，因为它受很多因素影响，也随着时间的变化发生动态的变化，构建利益分配机制通常要注意以下几点。

（1）要使利益分配具有激励性

根据不对称纳什协商方法的分析，系统内成员企业之间要想达成合作，前提是其机会成本能够保证的情况下获得利益，而利益分配可以根据其在系统中的地位和作用的大小、影响力的大小等进行分配，使合作成员企业有动力来努力达成合作。

（2）要使成员企业责权对等

系统成员企业在内河集装箱运输系统运行过程中都负有相应的责任，因此利益分配也就意味着合作的成员企业在系统运行中的责任分配，为了保证对系统协调发展贡献较大的的企业有合作的积极性，在利益分配时一定要考虑其在系统内所承担的责任大小。

4.4 本章小结

本章从机制的角度，研究内河集装箱运输系统的协调发展问题，获得如下研究结论。

第一，内河集装箱运输系统协调发展机制的内涵是指：与内河集装箱运输系统相关的信息、货物以及资金等资源能够畅通的、无缝的在系统内传递，减少因为信息不对称而造成的各成员企业之间的不确定性，并且能够消除因系统内成员企业目标不同而引起的利益冲突，从而提高内河集装箱运输系统协调发展程度而采取的措施。

第二，协调发展机制分为信任机制、信息共享机制和利益分配机制三类。

第三，内河集装箱运输系统内成员企业应当采取合理分配投入，有效增加系统内成员企业之间的合作次数，选择正确的合作伙伴，建立可信任形象等策略来构建信任机制；通过建立有效的信息共享激励，培育系统内成员企业信息共享的信用，强化信息共享和学习的能力等策略构建信息共享机制；在构建利益分配机制时，要注意使利益分配具有激励性，要使成员企业责权对等。

5 内河集装箱运输系统协调发展评价研究

内河集装箱运输系统协调发展，除了要了解协调发展的理论、机制和内容外，还需要进行定量分析研究，这就需要建立一套能够对系统的构成要素及影响因素进行量化分析的指标体系。协调发展评价指标是用来反映一个国家或区域在一定历史时期中内河集装箱运输系统协调发展状况的，通过对这一指标体系的评价，可以从整体上认识和评估子系统及构成要素之间的协调程度，分析内河集装箱运输系统发展中是否存在不均衡、不协调的问题，从而做出决策使其达到协调状态。通过分析评价指标体系的监测结果，可以了解内河集装箱运输系统协调发展的程度，通过对子系统和构成要素协调发展程度进行纵向和横向比较，可以分析出其协调发展的趋势。

5.1 内河集装箱运输系统协调发展评价指标体系设计思路和原则

5.1.1 评价指标体系设计思路

要开展内河集装箱运输系统协调发展的程度和状态的评价工作，需要构建能够进行定量分析的评价指标体系。该指标体系应能充分反映内河集装箱运输系统协调发展的内涵，表征各子系统及内部构成要素之间协调发展的程度和状态，且要保证指标体系的科学性、完整性和实用性。对于内河集装箱运输系统，指标的选取以及指标间的关系的确定、指标体系的构建过程应当是定性与定量分析相结合的过程。定性分析主要从评价的原则和目的出发，充分考虑评价指标的针对性、稳定性和独立性，还要注意指标与评价方法之间的协调性等因素，该过程是主观确定指标和指标构成的过程。定量分析是通过一系列的模型检验，使指标体系更加合理、更加科学的过程。通常将指标体系的构建分为两个阶段：一是指标初选阶段，二是指标体系完善阶段。

（1）指标体系初选过程

指标体系的初选通常有两种方法。第一种是综合法，是对已存在的指标按一定的标准进行分类，使之体系化，即在现有的指标体系基础上，进行整理、归类和条理化，使之成为一套适用于评价要求的评价指标体系。第二种是分析法，将需要考量的对象和目标划分为若干类，并在此基础上逐步细分，直到最后每一部分都可以用具体的指标来描述。本书两种方法都将被采用。

（2）指标体系的完善过程

内河集装箱运输系统协调发展的评价指标体系，需要对初选指标进行完善处理后才能使之真正成为科学和实用的指标体系。完善工作除了检验每项指标数据的可获取性及指标内容的准确性外，还要对必要性和重要性进行分析。

① 必要性分析。

指标体系中的指标要从全局考虑，看其是否都是必不可少的，以避免出现冗余指标，因此有必要采用相关性分析方法对指标体系进行相关性分析。

假设指标体系有 m 个评价指标，n 个样本，其中 $X_i=(x_{i1}, x_{i2}, \cdots, x_{im})$，$(i=1, 2, \cdots, n)$，用矩阵表示如下：

$$X=\begin{bmatrix}X_1\\X_2\\\vdots\\X_n\end{bmatrix}=\begin{bmatrix}x_{11}&x_{12}&\cdots&x_{1m}\\x_{21}&x_{22}&\cdots&x_{2m}\\\vdots&\vdots&&\vdots\\x_{n1}&x_{n2}&\cdots&x_{nm}\end{bmatrix},$$

其中：

均值：$\bar{x}=\frac{1}{n}\sum_{k=1}^{n}x_{ki}\quad(i=1,2,\cdots,m)$，

方差：$s_{ij}=\frac{1}{n}\sum_{k=1}^{n}(x_{ki}-\bar{x}_i)^2\quad(i=1,2,\cdots,m)$，

协方差：$S_{ij}=\frac{1}{n}\sum_{k=1}^{n}(x_{ki}-\bar{x}_i)(x_{kj}-\bar{x}_j)$，

式中：$i\neq j$；

i，$j=1$，2，…，m，

相关矩阵：$R=(r_{ij})$

$$r_{ij}=\frac{S_{ij}}{\sqrt{S_{ij}^{*}s_{ij}}}\quad(i,\ j=1,\ 2,\ \cdots,\ m)。$$

r_{ij}为x_i和x_j的相关系数，反映x_i和x_j的相关程度，通过进行各指标两两相关系数大小比较，最后确定指标的必要性。

② 重要性分析。

评价指标的重要性一般采用德尔菲法进行匿名评议，根据评议结果保留重要指标，剔除不重要指标。具体方法如下：

假设请 M 位专家对同一层次 N 个指标进行匿名评议，设W_ij为指标i的重要程度的量值，一般情况下重要程度分为五级，即$j=1$，2，3，4，5。M_{ij}为指标i评级为j的专家数量。指标i的专家意见集中度$\overline{W}_i=\frac{1}{m}\sum_{j=1}^{5}W_{ij}M_{ij}$，其值的大小反映 M 个专家对指标$i$的评价期望值。另外，专家对$i$指标重要程度评价的分散度$\delta_i=\sqrt{\frac{1}{n-1}\sum_{j=1}^{5}M_{ij}(W_{ij}-\overline{W}_i)^2}$。一般情况下，若$\delta_i>\frac{2}{3}$，则说明专家评

议意见比较分散，可以重新考虑进行咨询；若满足要求，应当以各指标的 $\overline{W}_i$ 和 δ_i 的大小为依据，决定保留或删除哪些指标，最终确定指标体系。评价指标选择过程如图 5-1。

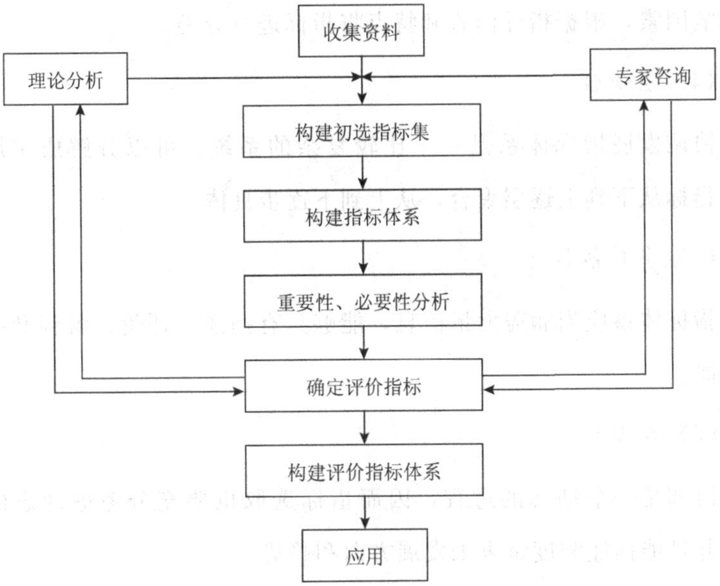

图 5-1　指标选择过程示意图

5.1.2　评价指标体系设计原则

评价指标体系设计应充分体现内河集装箱运输系统的特点，也要考虑协调发展的内容，因此构建内河集装箱运输系统协调发展指标体系应遵循以下原则。

(1) 科学性

指标体系的科学性主要体现在以下几个方面：指标内涵明确、测定方法标准、统计方法规范、计算方法合理，能够反映内河集装箱运输系统协调发展的特点。

(2) 可操作性

指标体系设计简单明了，量化指标获取数据容易、准确可靠，合乎现有规范，多利用现有数据。

(3) 完备性

指标体系覆盖面尽量广，能够涵盖内河集装箱运输系统协调发展的影响因素，根据指标内容和特点将指标进行分类。

(4) 层次性

协调发展指标体系是一个比较复杂的系统，可以分解成多层结构，指标从下到上逐层聚合，从上到下逐步具体。

(5) 多功能性

指标体系应当涵盖大量信息，能够具有描述、评价、解释和决策的功能。

(6) 动态性

协调是一个动态的过程，因而指标选取也要充分考虑动态的特点，并且能描述和度量未来发展方向和趋势。

(7) 针对性

影响内河集装箱运输系统协调发展的因素很多，且不同因素影响程度差异较大，因此选取的评价指标应既能反映内河集装箱运输系统协调发展的特征，还应突出重点，具有代表性。

5.2 内河集装箱运输系统协调发展评价指标体系设计

5.2.1 指标体系框架结构设计

遵循内河集装箱运输系统协调发展评价指标体系的构建原则，构建指标体系的基本框架。通常系统协调发展评价指标体系的结构可以通过两方面得到反映：一是利用指标描述协调发展的状态和程度，同时反映协调发展的过程；二是对描述协调发展的状态和程度的指标进行评估，对协调发展的程度和发展趋势做出判断。根据内河集装箱运输系统协调发展的内涵以及所包含的三层次结构，本书将评价指标体系分为四个层次。第一层为目标层，第二层为属性层，第三层为要素层，第四层为指标层。

（1）目标层

该层表示内河集装箱运输系统协调发展的综合评价，表述内河集装箱运输系统协调的程度，以揭示内河集装箱运输系统协调发展的总体趋势。

（2）属性层

从与外部协调发展、子系统之间协调发展和子系统内部协调发展三个方面去描述内河集装箱运输系统协调发展。

（3）要素层

要素层是属性层下一层指标，进一步反映和表述要素层所包含的内容。

（4）指标层

采用可获得、可比、可测的指标及指标集，对要素层的指标给予直接的定量评价表征，该层是内河集装箱运输系统协调发展评价指标体系中的基础性指标。

5.2.2 评价指标体系设计

在以上设计原则和完善方法的基础上，考虑到指标体系的通用性以及指标数据的可采集性，本书在选取指标时尽可能选取内河集装箱运输行业现行的统计指标；鉴于现行指标的局限性，也会适当新增部分指标。通过对指标的筛选和对指标的完善，本书设计的评价指标体系见表5－1。

表5－1　内河集装箱运输系统协调发展评价指标体系

目标层	属性层	要素层	指标层
内河集装箱运输系统协调发展度（A）	内河集装箱运输系统与外部协调发展度（B_1）	经济协调度（C_1）	内河集装箱运输需求弹性系数（D_1）
			内河外贸集装箱运输需求弹性系数（D_2）
		社会协调度（C_2）	单位运量带动就业人数（D_3）
			内河港口集装箱化率（D_4）
		综合运输协调度（C_3）	集装箱运输替代弹性系数（D_5）
			内河集装箱运输弹性系数（D_6）
		资源协调度（C_4）	单位内河集装箱运输每千米燃料消耗量（D_7）
			单位占地内河集装箱运输通过能力（D_8）
		环境协调度（C_5）	内河集装箱船舶废弃物排放达标率（D_9）
			内河集装箱港口废弃物排放达标率（D_{10}）
	内河集装箱运输子系统之间协调发展度（B_2）	组织协调度（C_6）	装卸船时间比重（D_{11}）
			装卸车时间比重（D_{12}）
		能力协调度（C_7）	运输装卸能力适应性（D_{13}）
			运输堆存能力适应性（D_{14}）
	内河集装箱运输子系统内部协调发展度（B_3）	线路协调度（C_8）	高等级航道里程比重（D_{15}）
			集疏港公路方便程度（D_{16}）
		节点设备协调度（C_9）	码头专业化率（D_{17}）
			设备兼容程度（D_{18}）
		移动设备协调度（C_{10}）	船型标准化率（D_{19}）
		软件协调度（C_{11}）	信息化程度（D_{20}）
			运输组织优化程度（D_{21}）

(1) 内河集装箱运输系统与外部协调发展度 (B_1)

本书将内河集装箱运输系统与外部协调发展定义为内河集装箱运输系统在预设阶段和规定目标内可以成功地将经济协调度、社会协调度、综合运输协调度、资源协调度和环境协调度约束在与外部协调发展临界值内的概率，从以下五个方面评价内河集装箱运输系统是否与外部相协调。

① 经济协调度 (C_1)。

内河集装箱运输系统发展与经济发展相协调，是与外部相协调的重要内容之一，内河集装箱运输可满足经济发展要求，才是与外部的协调发展。根据内河集装箱运输与经济发展之间的关系，主要通过“内河集装箱运输需求弹性系数”和“内河外贸集装箱运输需求弹性系数”加以反映。

第一，内河集装箱运输需求弹性系数 (D_1)。

该指标动态描述目标系统内河集装箱运量增长速度与经济增长速度之间的比例关系，可以观察内河集装箱运输是否适应经济发展，从而判断两者是否协调发展。鉴于内河集装箱运输量统计数字较难统计，因此采用内河港口集装箱吞吐量数据。该指标为适度指标，目前我国有些区域内河集装箱运输需求弹性系数还达不到1。计算公式如下：

$$D_1=\frac{\alpha_i}{\beta_i}$$

其中：

$$\alpha_i = \sum_j \Delta T_{ij} \Big/ \sum_j \Delta T_{(i-1)j},$$

$$\beta_i = \sum_j \Delta G_{ij} \Big/ \sum_j \Delta G_{(i-1)j}。$$

式中：α_i——第 i 年港口集装箱吞吐量增长率；

β_i——第 i 年港口服务腹地城市 GDP 增长率；

ΔT_{ij}——第 i 年 j 港口集装箱吞吐量增长量；

$T_{(i-1)j}$——第（$i-1$）年 j 港口集装箱吞吐量；

ΔG_{ij}——第 i 年 j 港口服务腹地 GDP 增长量；

$G_{(i-1)j}$——第（$i-1$）年 j 港口服务腹地 GDP。

第二，内河外贸集装箱运输需求弹性系数（D_2）。

该指标可以动态描述目标系统内河外贸集装箱运量增长速度与外贸进出口总额增长速度之间的比例关系，也可以从另一个角度观察内河集装箱运输系统是否适应经济发展，从而判断二者是否协调发展。该指标也采用内河港口集装箱吞吐量数据，该指标同样为适度指标。计算公式如下：

$$D_2 = \frac{\gamma_i}{\delta_i}$$

其中：

$$\gamma_i = \sum_j \Delta A_{ij} \Big/ \sum_j \Delta A_{(i-1)j},$$

$$\delta_i = \sum_j \Delta B_{ij} \Big/ \sum_j \Delta B_{(i-1)j}。$$

式中：γ_i——第 i 年港口外贸集装箱吞吐量增长率；

δ_i——第 i 年港口服务腹地城市外贸进出口总额增长率；

ΔA_{ij}——第 i 年 j 港口外贸集装箱吞吐量增长量；

$\Delta A_{(i-1)j}$——第（$i-1$）年 j 港口外贸集装箱吞吐量；

ΔB_{ij}——第 i 年 j 港口服务腹地外贸进出口总额增长量；

$\Delta B_{(i-1)j}$——第（$i-1$）年 j 港口服务腹地外贸进出口总额。

② 社会协调度（C_2）。

社会协调度主要反映内河集装箱运输系统与社会发展相协调，主要表现在为促进就业和促进内河水运现代化方面，通过“单位运量带动就业人数”和“内河港口集装箱化率”来反映。

第一，单位运量带动就业人数（D_3）。

内河集装箱运输对社会发展的贡献表现之一是对就业的拉动，包括直接贡献和间接贡献，直接贡献就是直接参与内河集装箱运输系统运行的就业，间接贡献是由于内河集装箱运输行业的存在而带动的相关产业的就业，一般按照直接贡献的 2.5 倍计算。该指标越大表明内河集装箱运输系统与社会发展越协调，该指标也采用内河港口集装箱吞吐量数据。计算公式如下：

$$D_3 = \frac{\sum_i V_i}{\sum_i T_i}$$

单位：人/万 TEU。

式中：V_i——目标系统 i 港口所在城市相关就业人数，人；

T_i——目标系统 i 港口集装箱吞吐量，万 TEU。

第二，内河港口集装箱化率（D_4）。

该指标主要度量内河集装箱运输系统对促进内河水运现代化，从而促进社会进步方面的作用，该指标越大表明内河水运现代化程度越高，说明对促进社会发展贡献越大，协调程度也越高。

集装箱化率是适箱货源中用集装箱运输所占的比例。按照交通运输部统计分类标准，将水运货物分为干散货、散杂货、液体散货和适箱货四大类。干散货为煤炭、粮食、金属矿石的合计；散杂货物为矿建材料、钢铁、水泥、盐、木材、非金属矿石、化肥及农药的合计；液体散货为石油及其制品的合计；适箱货为机械电器、有色金属、化工及制品、农林牧渔、轻工医药和已经列名的 16 种货物之外的其他货物的合计。例如，2003 年和 2009 年我国内河港口集装箱化率分别为 23.6%和 72.1%，内河水运发展现代化程度有了很大提高。计算公式如下：

$$D_4 = \frac{\sum I_i}{\sum Q_i}$$

式中：Q_i——i 港口箱内货物质量，万 t；

I_i——i 港口适箱货质量，万 t。

③ 综合运输协调度（C_3）。

内河集装箱运输系统发展与综合运输体系发展相协调，也是与外部相协调的重要内容之一。综合运输体系由多种运输方式构成，只有各种运输方式协调发展，才能使整个综合运输体系协调发展。根据内河集装箱运输系统与综合运输体系之间的关系，主要通过“集装箱运输替代弹性系数”和“内河集装箱运输运量弹性系数”反映。

第一，集装箱运输替代弹性系数（D_5）。

该指标反映内河集装箱运输方式与公路集装箱运输方式之间运量变化速度比值，本书研究主要选取与公路集装箱运输方式进行对比，该指标也是适度性指标。计算公式如下：

$$D_5=\frac{\Delta V_b}{\Delta V_r}$$

其中：

$$\Delta V_b=V_{bi}-V_{b(i-1)}/V_{b(i-1)},$$

$$\Delta V_r=V_{ri}-V_{r(i-1)}/V_{r(i-1)}。$$

式中：ΔV_b——目标系统内河集装箱运输量增速；

ΔV_r——目标系统公路集装箱运输量增速；

V_{bi}——目标系统第 i 年内河集装箱运输量；

$V_{b(i-1)}$——目标系统第（$i-1$）年内河集装箱运输量；

V_{ri}——目标系统第 i 年公路集装箱运输量；

$V_{r(i-1)}$——目标系统第（$i-1$）年公路集装箱运输量。

第二，内河集装箱运输运量弹性系数（D_6）。

该指标反映目标系统内河集装箱运输量的增速与当年目标系统社会集装箱运输总运量增速之比，可以描述出目标系统内河集装箱运输在综合运输体系中的发展水平，从而判断内河集装箱运输系统是否与综合运输系统发展相协调，该指标也是适度性指标。计算公式如下：

$$D_6 = \frac{\Delta V_b}{\Delta V_a}$$

其中：ΔV_b 同上；

$$\Delta V_a = V_{ai} - V_{a(i-1)} / V_{a(i-1)}。$$

式中：ΔV_a——目标系统社会集装箱运输量增速；

$V_a i$——目标系统第 i 年社会集装箱运输量；

$V_a(i-1)$——目标系统第（$i-1$）年社会集装箱运输量。

④ 资源协调度（C_4）。

资源协调度主要反映内河集装箱运输系统与资源利用之间的协调关系，主要通过“单位内河集装箱运输每千米燃料消耗量”和“单位占地内河集装箱通过能力”来反映。

第一，单位内河集装箱运输每千米燃料消耗量（D_7）。

用内河集装箱船运输 1 千米所消耗的燃料反映该指标，该指标属于负指标，越低越好。计算公式如下：

$$D_7 = \frac{\overline{k}\overline{w}}{\overline{v}}$$

单位：kg/km。

式中：$\overline{k}$——目标系统船舶平均主机功率，kw；

$\overline{w}$——目标系统船舶主机燃油耗率，kg/(kw·h)；

$\overline{v}$——目标系统船舶平均航速，km/h；

k，w，v 随船型变化。

第二，单位占地内河港口集装箱运输通过能力（D_8）。

该指标反映目标系统内河集装箱码头单位占地面积所具有的集装箱运输通过能力，根据《河港码头设计规范》标准计算而得。该指标属于正指标，越高越好，计算公式如下：

$$D_8 = \overline{T}^* \overline{H}^* \overline{K}_h / \overline{D}^* \overline{K}_t^* \overline{S}^* (1+i)$$

单位：TEU/m^2。

式中：$\overline{D}$——目标系统集装箱平均堆存期，天；

$\overline{K}_t$——目标系统平均堆存不平衡系数；

$\overline{T}$——目标系统堆场平均营运天数，天；

$\overline{H}$——目标系统平均集装箱堆码层数；

$\overline{K}_h$——目标系统平均高度利用系数；

S——单位集装箱占地面积，m^2/TEU；

i——换算系数，一般取 1.5。

⑤ 环境协调度（C_5）。

随着科学技术发展和人民生活水平的提高，人们对环保的要求日益提高，因此内河集装箱运输系统对环境的影响也应受到关注，主要通过“内河集装箱船舶废弃物排放达标率”“内河集装箱港口废弃物排放达标率”来反映。

第一，内河集装箱船舶废弃物排放达标率（D_9）。

按照《防止船舶造成水环境污染要求》，该指标通过统计达到防污染要求的船舶，从而反映船舶油类、生活污染、垃圾、噪声和废气等污染程度，也间接反映出内河集装箱船舶对水环境的污染程度。该指标主要通过调查问卷获得，调查对象是目标系统内航运企业从事内河集装箱运输的船舶。计算公式如下：

$$D_9=\frac{B_q}{B_a}\times 100\%$$

式中：B_q——目标系统内符合废弃物排放达标率的内河集装箱船舶艘数，艘；

B_a——目标系统内从事内河集装箱运输船舶总艘数，艘。

第二，内河集装箱港口废弃物排放达标率（D_{10}）。

通过该指标反映内河集装箱港口对水环境污染的程度。该指标主要通过调查问卷获得，调查对象是目标系统内从事内河集装箱装卸、中转业务的港口。计算公式如下：

$$D_{10}=\frac{P_q}{P_a}\times 100\%$$

式中：P_q——目标系统内符合废弃物排放达标率的内河集装箱装卸转运港口数量，个；

P_a——目标系统内从事内河集装箱装卸转运的港口数量，个。

(2) 内河集装箱运输子系统之间协调发展度（B_2）

内河集装箱运输子系统之间协调程度主要通过“组织协调度”和“能力协调度”两个方面来度量。

① 组织协调度（C_6）。

组织协调度是内河集装箱运输子系统之间协调发展的重要内容之一，反映内河集装箱运输系统中内陆集疏港运输、码头中转、船舶运输三个子系统之间在部门岗位职能管理和技术管理等方面表现出的组织方面的协调程度，主要表现在车、船、设备及集装箱货物之间组织是否协调，主要通过“装卸船时间比重”和“装卸车时间比重”两个指标反映。

第一，装卸船时间比重（D_{11}）。

该指标反映了船舶的生产效率和组织管理水平，是内河集装箱港口船舶装卸作业时间与该船总的在港停时之间的比重。计算公式如下：

$$D_{11}=\frac{\overline{T}_{装卸}}{\overline{T}_{在港停时}}\times 100\%$$

式中：$\overline{T}_{装卸}$——目标系统平均船舶装卸作业时间，h；

$\overline{T}_{在港停时}$——目标系统总的平均船舶在港停时，h。

第二，装卸车时间比重（D_{12}）。

该时间比重是反映集疏运组织指数的另一指标，可反映集疏港集卡的生产效率和组织管理水平，是内河集装箱港口卡车装卸作业时间与该车总的在港停时之间的比重。计算公式如下：

$$D_{12}=\frac{\overline{T}_{装卸}}{\overline{T}_{在港停时}}\times 100\%$$

式中：$\overline{T}_{装卸}$——目标系统平均集卡装卸作业时间　　单位：h；

$\overline{T}_{在港停时}$——目标系统总的平均集卡在港停时　　单位：h。

② 能力协调度（C_7）。

能力协调度是内河集装箱运输子系统之间协调发展的另一重要内容，该指标反映了内河集装箱港口集疏运、装卸及堆存能力之间的适应性，主要通过“运输装卸能力适应性”和“运输堆存能力适应性”来反映。

第一，运输装卸能力适应性（D_{13}）。

该指标反映了港口各种运输方式的集装箱集疏运能力与港口的集装箱装卸能力之间的适应程度，比值越接近 1 越协调。计算公式如下：

$$D_{13}=\frac{\sum Q_i}{\sum C_i B_i}\Bigg/\frac{Q_l}{C_l B_l}$$

式中：C_l——目标系统内河港口集装箱装卸能力；

B_l——目标系统内河港口集装箱吞吐量占全部货物总吞吐量的比重；

Q_l——目标系统内河港口货物吞吐量；

C_i——目标系统内河港口第 i 种运输方式通过能力；

B_i——目标系统内河港口第 i 种运输的集装箱量占全部运输货物总量的比重；

Q_i——目标系统内河港口第 i 种运输方式运输的集装箱量；

i——为铁路和公路集疏运方式。

第二，运输堆存能力适应性（D_{14}）。

该指标反映了港口各种运输方式的集装箱集疏运能力与港口堆场

的集装箱存储能力之间的适应程度，比值越接近1越协调。计算公式如下：

$$D_{14}=\frac{\sum Q_i}{\sum C_i B_i}\bigg/\frac{Q_d}{C_d B_d}$$

式中：C_d——目标系统内河港口集装箱存储能力；

B_d——目标系统内河港口集装箱存储量占全部货物总存储量的比重；

Q_d——目标系统内河港口集装箱存储量；

其他符号意义同前。

(3) 内河集装箱运输子系统内部协调发展度（B_3）

如前所述，内河集装箱运输系统的三个子系统都是由线路基础设施、节点设备基础设施、移动设备基础设施和运输软件四部分构成，因此评价内河集装箱运输子系统内部协调发展程度从“线路协调度”“节点设备协调度”“移动设备协调度”和“软件协调度”四个方面去评价。

① 线路协调度（C_8）。

内河集装箱运输系统中的运输线路基础设施主要包括航道和集疏港公路，因此用“高等级航道里程比重”和“集疏港公路方便程度”两个指标来衡量。

第一，高等级航道里程比重（D_{15}）。

航道水平直接影响内河集装箱运输船舶的载箱量，航道水平越高船舶载箱量越大，运输成本越低，发展表现得越协调，通常高等级航道是指三级以上航道。该指标是正指标，越大越好。计算公式如下：

$$D_{15}=\frac{K_h}{K_a}\times 100\%$$

式中：K_h——目标系统三级以上航道总里程；

K_a——目标系统内河航道总里程。

第二，集疏港道路方便程度（D_{16}）。

集疏港道路与港区之间的连接是否方便直接影响到内陆集疏港系统的协调程度，该指标可通过调查问卷获取，调查对象是目标系统内从事内河港口集装箱集疏运的集卡公司，将方便程度分为十个等级，集卡司机对其进行评分，对其结果进行加权平均处理。

② 节点设备协调度（C_9）。

节点设备包括码头、场站等，选取“码头专业化率”和“设备兼容程度”来考量是否协调的问题。

第一，码头专业化率（D_{17}）。

在集装箱装卸作业效率方面，专业的集装箱码头要远高于多用途码头，因此集装箱码头的专业化率越高，系统表现得越协调。计算公式如下：

$$D_{17}=\frac{P_S}{P_a}\times 100\%$$

式中：P_S——目标系统内河集装箱运输专用码头，个。

第二，设备兼容程度（D_{18}）。

该指标能够反映内河集装箱运输系统内作业设备的兼容化程度。该指标可通过调查问卷获得，调查对象是目标系统内从事内河集装箱装卸转运的港口，将设备兼容程度分为十个等级，港口设备管理人员对其进行评分，对其结果进行加权平均处理。

③ 移动设备协调度（C_{10}）。

移动设备主要包括码头、场站所使用的机械设备，还包括用于内河运输的船舶、集疏港的集卡，集卡目前已经基本实现标准化和专业化，而船舶方面还有很多非标准化船舶进行集装箱运输的，因此用“船舶标准化率”来衡量移动设备的协调度。船型标准化率计算公式如下：

$$D_{19}=\frac{B_S}{B_a}\times 100\%$$

式中：B_S——目标系统标准化内河集装箱运输船舶数量，艘。

备注：标准化船舶是交通运输部专门规定的标准化的船长、宽、深、载箱量、主机功率等，该数据每年交通运输部都有统计。

④ 软件协调度（C_{11}）。

运输软件表示内河集装箱运输系统发展的软环境，其发展程度与内河集装箱运输系统是否协调发展至关重要，选取“信息化程度”和“运输组织优化度”来考量该指标。

第一，信息化程度（D_{20}）。

该指标能够反映内河集装箱运输系统内作业彼此信息沟通的方便程度，该指标越高，则内河集装箱运输信息的实时性、准确性、完备性越好。该指标主要通过调查问卷获得，调查对象是目标系统内从事内河集装箱运输的航运企业、港口企业和集卡公司，将信息化程度分为十个等级，相关管理人员对其进行评分，对其结果进行加权平均处理。

第二，运输组织优化程度（D_{21}）。

运输组织的优化可降低内河集装箱运输的成本，尤其是在内河集装箱运输的发展初期，运输组织更加重要。该指标主要通过调查问卷获得，调查对象是目标系统内从事内河集装箱运输的航运企业、港口企业和集卡公司，将运输组织优化程度分为十个等级，相关管理人员对其进行评分，对其结果进行加权平均处理。

5.3 内河集装箱运输系统协调发展评价方法和步骤

5.3.1 协调发展评价步骤

内河集装箱运输系统协调发展评价步骤如图 5－2 所示。

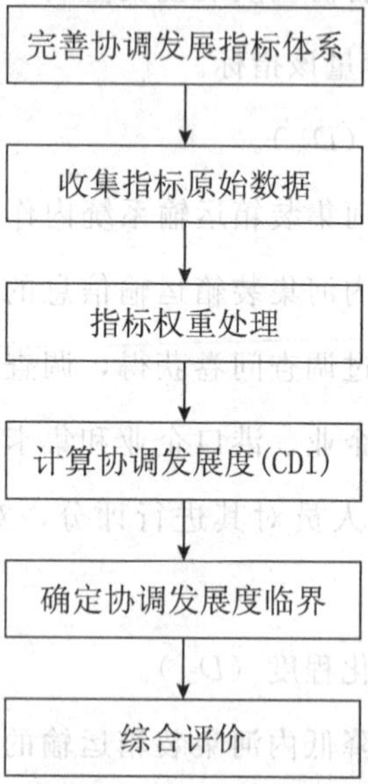

图 5－2　内河集装箱运输系统协调发展评价步骤

5.3.2 指标权重的确定

5.3.2.1　指标权重确定原则

(1) 系统化的原则

在评价指标体系中，每项指标对系统评价都有它的作用和贡献，在确定其权重时，应当遵循系统化原则，要处理好各评价指标之间的关系。

（2）主观与客观相结合的原则

评价指标权重反映评价者的价值观念，当他们主观认为某项指标很重要，就必然赋予该指标以较大的权重。但客观情况往往与他们的主观意愿不完全一致，所以，应当结合主观和客观，综合考虑。

（3）民主与集中相结合的原则

权重受个人主观因素的影响较大，不同人对同一事件的看法不尽相同，但其中也存在合理成分，因此需要群体决策，将评价者的意见互相补充，达成统一的结果。

5.3.2.2 权重确定方法

这里主要介绍层次分析法（AHP）、排序法、权值因子判断表法和三角模糊数法。

（1）层次分析法（AHP）

层次分析法（AHP）是对人们主观判断做形式的表达、处理与客观描述，通过判断矩阵计算出相对权重后，要进行判断矩阵的一致性检验，克服两两相比的不足。按 1～9 标度对重要性程度给予评价，表 5－2 为标度对照表。

表 5－2 标度对照表

标　度	含　义
1	表示两个元素相比，具有同样重要性
3	表示两个元素相比，一个比另一个稍重要
5	表示两个元素相比，一个比另一个显著重要
7	表示两个元素相比，一个比另一个强烈重要
9	表示两个元素相比，一个比另一个极端重要
2,4,6,8	表示上述相邻判断的中值

AHP 法确定权重的步骤：

第一，建立树状层次结构评价指标体系；

第二，确立定量化判断的标度，见表 5-2；

第三，构造判断矩阵，见表 5-3。

表 5-3　标度判断矩阵表

A	A_1	A_2	…	A_n
A_1	a_{11}	a_{12}	…	a_{1n}
A_2	a_{21}	a_{22}	…	a_{2n}
⋮	⋮	⋮	⋮	⋮
A_n	a_{n1}	a_{n2}	…	a_{nn}

第四，计算权重。

首先将判断矩阵每列进行归一化，$b_{ij} = \dfrac{a_{ij}}{\sum a_{ij}}$；

然后按行求和，$c_i = \sum b_{ij}\ (i = 1,2,3,\cdots,n)$；

接着计算权重；

最后计算矩阵的最大特征根。将 c_i 归一化，得到特征向量 $W = (w_1, w_2, \cdots, w_n)^T$，$w_i = \dfrac{c_i}{\sum c_i}$ 即为 A 的特征向量近似值；求 W 对应的最大特征值：$\lambda_{\max} = \dfrac{1}{n}\sum_i \left(\dfrac{AW_i}{w_i}\right)$。

(2) 排序法

确定权重主要步骤如下：

第一，组成评价的专家组，可根据不同的评价对象和目的，选择不同专家。

第二，制订评价指标排序表，见表 5-4。

表 5－4 指标排序表

指 标	排 序
A	1
B	2
⋮	⋮
N	n

第三，统计排序结果。由专家根据自己的主观判断对评价对象中一级指标或二级指标对与其相对应的一级指标影响程度的大小，由小到大进行排序、填入表中，回收并进行统计，然后将统计结果再反馈给专家。如此进行两三次反复，最后予以确定。

第四，将回收结果进行数理统计，计算评价指标的权重，公式如下：

$$W_i = \frac{a_i}{\sum_{i=1}^{n} a_i}$$

其中： $$a_i = \sum_{j=1}^{n} L_{ij} C_j \text{；}$$

式中：n——评价指标的项数；

L_{ij}——第 i 项指标排在第 j 位的专家人数；

C_j——排序的分值。

一般规定：$C_1=n$，$C_2=n-1$，…，$C_j=n-j+1$，…，$C_n=1$。

(3) 权值因子判断表法

确定权重主要步骤如下：

第一，组成评价的专家组，可根据不同的评价对象和目的，选择不同专家；

第二，制订评价指标因子判断表，见表 5－5；

表 5－5　评价指标因子判断表

I_{ij} 列 j 行 i		评价指标			
		F_1	F_2	…	F_n
评价指标	F_1				
	F_2				
	⋮				
	F_n				

第三，专家填写权值因子判断表，将行因子与每列因子相互对比，如采用十分制时，非常重要的指标为 10 分，比较重要的指标为 7 分，同样重要的为 4 分，不太重要的为 1 分，相比很不重要的为 0 分。

第四，对各位专家所填权值因子判断表进行统计。

首先计算每一行评价指标得分值，公式如下：

$$D_{ir} \sum_{i=1}^{n} a_{ij} (i \neq j)$$

式中：n——评价指标的项数；

a_{ij}——评价指标 i 与评价指标 j 相比时，指标得分值；

r——专家序号。

接着求评价指标平均分值，公式如下：

$$P_i = \sum_{r=1}^{L} \frac{D_{ir}}{L}$$

式中：L——专家人数。

最后评价指标权重计算，公式如下：

$$W = \frac{p_i}{\sum_{i=1}^{n} p_i}$$

(4) 三角模糊数法

人们在日常生活中传递信息往往会使用一些模糊语言，例如这个苹果“0.5 kg 左右”，某人“身体不错”，某行业“有发展前景”等，这些描述语言的共同特点是虽然被描述对象具有某种属性，但是却难以确定事物之间的精确差异。在本书研究的内河集装箱运输系统中，也经常会使用“信息化程度不高”“船舶排放标准还有待提高”等评价词汇，处理这些指标只需要在一定条件下对指标进行综合分析，从中选择最满意方案。表达这些模糊数量的值被称作模糊数，三角模糊数就是实际应用中常被用到的。

① 三角模糊数概念。

一般来讲，用以度量被评价对象性能的各种评价指标，往往会具有一定的模糊性。语言型模糊评价采用带语言变量的评价值来度量指标性能，这些语言评价值取值于用户定义的语言值评价集合。三角模糊数是将模糊的不确定的语言变量转化为确定数值的一种方法，将三角模糊数用在评价方法中能很好地解决被评价对象性能无法准确度量而只能用自然语言进行模糊评价的矛盾。

假定 t 为三角模糊数，记作（α，β，γ），$\alpha \leqslant \beta \leqslant \gamma$，$\alpha$ 和 γ 分别表示 N 支撑的下界和上界，β 为 N 的中值，如图 5－3 所示。

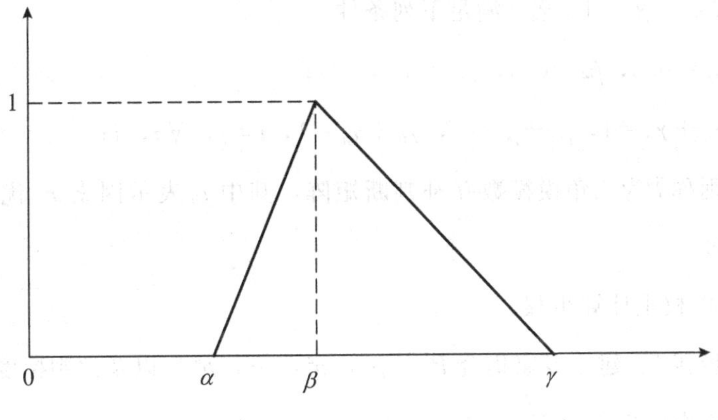

图 5－3　三角模糊数示意图

则其特征函数可以用如下公式表示：

$$f_t(x)=\begin{cases}0 & x\leqslant\alpha\\ \dfrac{x-\alpha}{\beta-\alpha} & \alpha<x\leqslant\beta\\ \dfrac{x-\gamma}{\beta-\gamma} & \beta<x\leqslant\gamma\\ 0 & x>\gamma\end{cases}$$

式中：α，γ——模糊的程度，$\gamma-\alpha$ 的差值越大，则表示模糊程度也越强。

② 三角模糊数运算规则。

假设 $t_1=(\alpha_1, \beta_1, \gamma_1)$，$t_2=(\alpha_2, \beta_2, \gamma_2)$，则：

$t_1\pm t_2=(\alpha_1, \beta_1, \gamma_1)\pm(\alpha_2, \beta_2, \gamma_2)=(\alpha_1\pm\alpha_2, \beta_1\pm\beta_2, \gamma_1\pm\gamma_2)$；

$t_1\times t_2=(\alpha_1, \beta_1, \gamma_1)\times(\alpha_2, \beta_2, \gamma_2)=(\alpha_1\alpha_2, \beta_1\beta_2, \gamma_1\gamma_2)$；

$kt_1=(k\alpha_1, k\beta_1, k\gamma_1)$，$kt_2=(k\alpha_2, k\beta_2, k\gamma_2)$；

$\dfrac{t_1}{t_2}=\left(\dfrac{\alpha_1, \beta_1, \gamma_1}{\alpha_2, \beta_2, \gamma_2}\right)=\left(\dfrac{\alpha_1}{\alpha_2}, \dfrac{\beta_1}{\beta_2}, \dfrac{\gamma_1}{\gamma_2}\right)$，$(t_1)^{-1}=(\alpha_1^{-1}, \beta_1^{-1}, \gamma_1^{-1})$。

③ 三角模糊数互补判断矩阵。

设判断矩阵 $t=(t_{ij})_n$，式中 $t_{ij}=(\alpha_{ij}, \beta_{ij}, \gamma_{ij})$ 为三角模糊数，并且 $0\leqslant\alpha_{ij}\leqslant\beta_{ij}\leqslant1$。若 t 满足下列条件：

$\alpha_{ii}=0.5$，$\beta_{ii}=0.5$，$\gamma_{ii}=0.5$，$\forall i$；

$\alpha_{ij}+\gamma_{ji}=1$，$\beta_{ij}+\beta_{ji}=1$，$\gamma_{ij}+\alpha_{ji}=1$，$i\neq j$，$\forall i, j$；

则称 t 为三角模糊数互补判断矩阵，其中 t_{ij} 表示因素 x_i 优于 x_j 的程度。

④ 权重计算步骤。

步骤 1：建立专家集合 $P=\{p^1, p^2, \cdots, p^m\}$ 以及评判标度，确定评价指标集合为 $X=\{x_1, x_2, \cdots, x_n\}$。

步骤 2：对各个决策者的偏好信息进行加权。

$$t_{ij}=\mu_1 t_{ij}^1+\mu_2 t_{ij}^2+\cdots+\mu_m t_{ij}^m$$

式中：μ 为加权系数，并且 $\sum_{i=1}^{m}\mu_i = 1$。

步骤 3：计算因素 X_i 的模糊综合评价值。

$$V_i = \frac{\left(\sum_{j=1}^{n}\alpha_{ij}, \sum_{j=1}^{n}\beta_{ij}, \sum_{j=1}^{n}\gamma_{ij}\right)}{\left(\sum_{i=1}^{n}\sum_{j=1}^{n}\alpha_{ij}, \sum_{i=1}^{n}\sum_{j=1}^{n}\beta_{ij}, \sum_{i=1}^{n}\sum_{j=1}^{n}\gamma_{ij}\right)}$$

$$= \left(\frac{\sum_{j=1}^{n}\alpha_{ij}}{\sum_{i=1}^{n}\sum_{j=1}^{n}\alpha_{ij}}, \frac{\sum_{j=1}^{n}\beta_{ij}}{\sum_{i=1}^{n}\sum_{j=1}^{n}\beta_{ij}}, \frac{\sum_{j=1}^{n}\gamma_{ij}}{\sum_{i=1}^{n}\sum_{j=1}^{n}\gamma_{ij}}\right)$$

步骤 4：计算模糊评价值 v_i 的期望值。

v_i 的期望值范围为 $E_p(v_i)$，$E_o(v_i)$，式中：$E_p(v_i)=(\alpha_i+\beta_i)/2$，$E_p(v_i)=(\alpha_i+\beta_i)/2$，则 v_i 的期望值为：

$$E(v_i)=\delta E_p(v_i)+(1-\delta)E_o(v_i)$$

式中：δ 为乐观—悲观系数，$0\leqslant\delta\leqslant1$；

当 $\delta>0.5$ 时，决策者持悲观态度；

当 $\delta<0.5$，决策者持乐观态度；

当 $\delta=0.5$ 时，决策者态度为中性。

步骤 5：计算排序权向量。

$$\theta_i = \frac{E(v_i)}{\sum_{i=1}^{n}E(v_i)}$$

θ_i 值越大，相对应的 i 指标重要性越强。

层次分析法、排序法和权值因子判断表法主要是由专家根据经验主观判断而获得，这些方法较为成熟，但客观性较差，由于内河集装箱运输系统各层评价指标具有模糊性，因此三角模糊数法对于确定内河集装箱运输系统的权重比较合适。

5.3.3 目标协调发展度临界值的确定

内河集装箱运输系统协调发展评价，主要是通过评估指标数据来计算协调发展度（CDI），根据此值来判断协调发展状态。协调发展度是0～1的一个数值，用来反映内河集装箱运输系统协调发展的程度，因此，协调发展度临界值的确定就很重要。

目前，用于临界值确定的方法很多，比较常用的有AHP法、模糊评价法、数据包络分析法、功效函数法等。其中功效函数法首先将每个指标无量纲化，从而变成对评价对象的一个量化值，也被称作功效函数值，接着再用一定方法求得总评价值。与其他方法相比，该方法具有如下优点：一是对无量纲化的选取没有特别限制；二是由于评价结果是一个点值，所以不涉及评价等级划分问题；三是在进行无量纲化处理时，不论评价指标位于哪个集合，都可以得到统一的综合评价值；四是可以分层处理。因此，本书确定内河集装箱运输系统协调发展度（CDI）临界值采用功效函数法。

对于内河集装箱运输系统协调发展的每项评价指标 x_i 都会有一个评分，即功效系数 d_i，其中 $0 \leqslant d_i \leqslant 1$。当目标值即协调发展度达到最满意的时候 $d_i=1$，当目标值即协调发展度达到最差的时候 $d_i=0$，功效函数就用 d_i 与 x_i 之间的函数关系表示，可表示为 $d_i=f(x_i)$。对于用于评价内河集装箱运输系统协调发展所选择的指标，可分为两种不同类型。

Ⅰ类指标：x_i 与 d_i 之间是单调上升的函数，即 x_i 越大，d_i 也越大，x_i 越小，d_i 也越小；

Ⅱ类指标：x_i 与 d_i 之间是单调下降的函数，即 x_i 越大，d_i 越小，x_i 越小，d_I 越大。

常见的功效函数很多，下面介绍线性型功效函数、对数型功效函数和指数型功效函数三类功效函数。

(1) 线性型功效函数

该类型功效函数公式为：

$$d_i=\frac{x_i-n}{s-n}$$

式中：d_i——第 i 项指标的功效系数；

x_i——第 i 项指标的实际值；

n——不允许值；

s——满意值。

由上式可以推出：$d'_i=\frac{A}{s-n}$，其中 A 为正的常数。

若 $s>n$，$d'_i>0$，则 x_i 与 d_i 之间是单调上升的函数，即为Ⅰ类指标；

若 $s>n$，$d'_i<0$，则 x_i 与 d_i 之间是单调下降的函数，即为Ⅱ类指标。

(2) 对数型功效函数

该类型功效函数公式为：

$$d_i=\frac{\ln x_i-\ln n}{\ln s-\ln n}$$

式中代码意义同上。

由上式可以推出：$d'_i=\frac{A}{x_i\ln 10\ln\ (s/n)}$

若 $s/n>1$，$d'>0$，则 x_i 与 d_i 之间是单调上升的函数，即为Ⅰ类指标；若 $s/n<1$，$d'<0$，则 x_i 与 d_i 之间是单调下降的函数，即为Ⅱ类指标。

(3) 指数型功效函数

该类型指数型功效函数，公式如下：

对于Ⅰ类指标：

$$d_i = \mathrm{e}^{-\mathrm{e}^{\frac{x_i - s}{s - n}}}$$

对于Ⅱ类指标：

$$d_i = 1 - \mathrm{e}^{-\mathrm{e}^{\frac{x_i - s}{s - n}}}$$

式中代码意义同上。

通过对比三种类型的功效函数，由于指数型功效函数对于Ⅰ类指标和Ⅱ类指标属于互补性指标，此外，指数型功效函数与经济学中的边际收益递减规律相似，与内河集装箱运输系统协调发展的规律相同，因此本书确定协调发展度临界值采用指数型功效函数法。本书将内河集装箱运输系统发展分为不协调、基本协调和协调三个阶段。

当 x_i 达到不协调和基本协调临界值时，$d_i = \mathrm{e}^{-1} = 0.367\ 9$；

当 x_i 达到协调和基本协调临界值时，$d_i = \mathrm{e}^{-\frac{1}{\mathrm{e}}} = 0.692\ 2$。

因此，对内河集装箱运输系统协调发展度界定如下：

$0 \leqslant \mathrm{CDI} < 0.367\ 9$，	不协调阶段；
$0.367\ 9 \leqslant \mathrm{CDI} < 0.692\ 2$，	基本协调阶段；
$0.692\ 2 \leqslant \mathrm{CDI} \leqslant 1$，	协调阶段。

5.3.4 评价指标标准化处理

在评价体系中，一般各个指标评价值的单位和量级是不相同的，这样各指标之间存在不可公度性，给内河集装箱运输系统综合评价带来不便。为了尽可能地反映实际情况，排除由于各项指标的单位不同以及数值数量级之间的悬殊差别所带来的影响，避免发生不合理的现象，必须对评价指标值进行标准化处理。合理的量化处理有助于增加评价结果的科学性和准确性。内河集装箱运输系统的评价指标根据其性质可分为两类：一类是定量指标，一类是定性指标，对两类指标通常采用不同标准化方式进行处理。

评价指标确定后，通过查找统计资料或推导计算确定指标的属性值。由于各指标的含义不同，指标值的计算方法也不同，造成各个指标的量纲各异，各指标之间存在着不可公度性，给系统评价带来不便。为了尽可能反应实际情况，排除由于指标的单位不同以及数值数量级之间的悬殊差别所带来的影响，避免发生不合理的现象，必须对指标进行无量纲化处理。因此对于定量指标，本书采用专家调查的方法针对各定量指标值进行模糊评判，评判标准通过评语集来确定，设评语集 $V=(v_1, v_2, v_3, v_4, v_5)$，分别表示很好、好、一般、不好、差五个等级，为便于定量评价，采用模糊数学语言来处理，见表5－6。

表 5－6　评语集

评语	很好	好	一般	不好	差
取值范围	[0.8～1)	[0.6～0.8)	[0.4～0.6)	[0.2～0.4)	[0～0.2)

对某些不能明确可测，只能定性评价的指标，则直接采用专家调查法确定，同样按照表 5－6 的标准进行评价。

5.3.5　综合评价

5.3.5.1　综合评价方法

判断出内河集装箱运输系统协调发展状态后，需要对评价对象进行综合评价，目前常用的综合评价方法有很多，有加权平均法、方根法、最小值法和模糊综合评判法等[155]。

(1) 加权平均法

该方法是指标综合评价的基本方法，具有两种形式，分别称为加法规则与乘法规则。

① 加法法则。

评价对象 i 的综合评价值 E_i 按如下公式计算：

$$E_i = \sum_{j=1}^{n} w_i a_{ij} \qquad i = 1, 2, 3\cdots, n,$$

式中：w_i，$0 \leqslant w_i \leqslant 1$，$\sum_{i=1}^{n} w_i = 1$。

在应用该法时，指标的选择应当全面，不能遗漏，此外，各项指标权重要适当。

② 乘法规则。

该法则公式如下：

$$E_i = \prod_{j=1}^{n} a_{ij} w_j, \qquad i = 1,2,3\cdots,n。$$

式中：a_{ij}——评价对象 i 的第 j 项指标的得分；

w_j——第 j 项指标的权重。

对上式两边求对数可以得到：

$$\lg E_i = \sum_{j=1}^{n} w_j \lg a_{ij} \qquad i = 1, 2, 3\cdots, n$$

该法则应用于各指标只有取得较好的分值，才能得到较高的评价，万一有一项指标得分为 0 的话，总评价值均为 0，这与现实中的“一票否决”比较相似。而在加法法则中，各项指标可以相互补偿，任何一项指标改善，都可以使综合评价值提高。

（2）方根法

该法是通过判断矩阵计算要素相对重要的度常用方法，公式如下：

$$E_i = \sqrt[n]{\prod_{j=1}^{n} a_{ij}}$$

（3）最小值法

该方法在评价过程中，对于评价值采用最小的指标值，主要目的是为了突出最低分指标对系统综合评价的作用和影响，这也是借鉴“木桶理论”[145]的思想。“木桶理论”的提出者是美国管理学家彼得，他认为“组成木桶的木板如果长短不齐，那么木桶的盛水量不是取决于最长的那一块木板，而是取决于最短的那一块木板。这就是说构成组织的各个部分往往是优劣不齐的，而劣势部分往往决定整个组织的水平”。

该原理还有如下演变[145]：每个水桶总会有最短的一块板，最初的水桶理论告诉我们，水桶的储水量取决于最短板的高度。不过，在特定的使用状态下，通过相互配合，可增加一定的储水量，如有意识地把水桶向长板方向倾斜，其储水量就比正立时的水桶多得多；或为了暂时的提升储水量，可以将长板截下补到短板处，从而提高储水量。水桶的长久储水量，还取决于水桶各木板的配合紧密性，配合要有衔接，没有空隙，每一块木板都有其特定的位置和顺序，不能出错。如果各木板间的配合不好，出现缝隙，最终只能导致漏水。

(4) 模糊综合评判法

模糊综合评价法是一种基于模糊数学的综合评标方法，该法根据模糊数学的隶属度理论把定性评价转化为定量评价，即用模糊数对受到多种因素制约的事物或对象做出一个总体的评价。它具有结果清晰、系统性强的特点，能较好地解决模糊的、难以量化的问题，适合各种非确定性问题的解决。模糊集合理论（fuzzy sets）的概念于1965年由美国自动控制专家查德（L. A. Zadeh）教授提出，用以表达事物的不确定性。

●模糊综合评判模型

设与被评价事物相关的因素有 n 个，记作 $U=\{u_1, u_2, \cdots, u_n\}$，称之为因素集或指标集，考虑用权重 $A=\{a_1, a_2, \cdots, a_N\}$ 来衡量各因素重要程度的大小，其中，a_i 表示 U 中第 i 个因素的权重，同时

$\sum_{i=1}^{n} a_i = 1$。

又设所有可能出现的评语有 m 个，记作 $V=\{v_1, v_2, \cdots, v_n\}$，称之为评语集或评判集，$m$ 个评语也并非绝对肯定或者否定，因此，综合后的评判可看做是 V 的模糊集，记作 $B=\{b_1, b_2, \cdots, b_m\}$，$b_j$ 表示第 j 种评语在评判总体 V 中所占的地位。

假设有一个从 U 到 V 的模糊关系，$R=(r_{ij})_{n\times m}$，利用 R 可以得到一个模糊变换 T_R。因此就有了如下结构的模糊综合评判数学模型：

① 因素集 $R=\{u_1, u_2, \cdots, u_n\}$；

② 评判集 $V=\{v_1, v_2, \cdots, v_n\}$；

③ 构造模糊变换 T_R：

$$F(U)\rightarrow F(V)$$

$$A|\rightarrow A \circ R$$

式中:R 为 U 到 V 的模糊关系矩阵，$R=(r_{ij})_{n\times m}$，"$\circ$"为模糊算子。

这样，由（U，V，R）就构成了一个模糊综合评判数学模型。

若输入 $A=\{a_1, a_2, \cdots, a_n\}$，就可以得到综合评判 $B=\{b_1, b_2, \cdots, b_m\}$，即：

$$\{b_1, b_2, \cdots, b_m\} = \{a_1, a_2, \cdots, a_n\} \circ \begin{pmatrix} r_{11} & r_{12} & \cdots & r_{1m} \\ r_{21} & r_{22} & \cdots & r_{2m} \\ \vdots & \vdots & & \vdots \\ r_{n1} & r_{n2} & \cdots & r_{nm} \end{pmatrix}$$

模糊算子主要有四种类型：

① $M(\vee, \wedge)$ 算子，式中$\wedge$表示取小，$\vee$表示取大，

$b_j = \vee_{i=1}^{n}(a_i \wedge r_{ij}) = \max_{l\leqslant i\leqslant n}\{\min(a_i, r_{ij})\}, j=1,2,\cdots,m$。

② $M(\bullet, \vee)$ 算子，式中：$\bullet$表示相乘，$\vee$表示取大，

$b_j = \vee_{i=1}(a_1 \bullet r_{ij}) = \max_{l\leqslant i\leqslant n}\{(a_1 \bullet r_{ij})\}, j=1,2,\cdots,m$。

③ $M(\wedge, \oplus)$ 算子，式中：$\wedge$表示取小，$\oplus$表示相加，

$$b_j = \sum_{i=1}^{n}(a_i \wedge r_{ij}) = \sum_{i=1}^{n}\min(a_i, r_{ij}), j = 1,2,\cdots,m。$$

④ $M(\cdot, \oplus)$ 算子，式中：• 表示相乘，$\oplus$表示相加，

$$b_j = \sum_{i=1}^{n}(a_i \cdot r_{ij}), j = 1,2,\cdots,m。$$

四种算子在综合评价中的特点见表 5－7。

表 5－7 四种算子在综合评价中的特点

特 点	算子①	算子②	算子③	算子④
体现权重作用	不明显	不明显	不明显	不明显
综合程度	弱	弱	强	强
利用 R 的信息	不充分	不充分	比较充分	充分

尽管有些评价指标可以量化，但是针对量化的结果也无法直接评判出协调程度，因此还需要专家对各指标进行评判，因此模糊综合评判法很适合用在内河集装箱运输协调发展程度上。根据模糊综合评判方法中四种算子的特点，本书采用第四种算子进行运算。在确定好评判目标隶属度后，通过与发展度临界值相比，最终确定内河集装箱运输系统的协调状态。

●模糊综合评判步骤

① 确定因素（指标）集 $U=\{u_1, u_2, \cdots, u_n\}$；

② 确定评判（评语）集 $V=\{v_1, v_2, \cdots, v_n\}$；

③ 进行单因素评判得到隶属度向量，形成隶属度矩阵：

$$R=\begin{pmatrix} r_{11} & r_{12} & \cdots & r_{1m} \\ r_{21} & r_{22} & \cdots & r_{2m} \\ \vdots & \vdots & & \vdots \\ r_{n1} & r_{n2} & \cdots & r_{nm} \end{pmatrix}$$

④ 确定因素集权重向量，对评判集标准化处理；

⑤ 计算综合评判（综合隶属度）向量：对于权重 $A=\{a_1, a_2, \cdots, a_n\}$，计算 $B=A \circ R$；

⑥ 根据隶属度最大原则做出评判，或计算综合评判值。

5.3.5.2 内河集装箱运输系统协调发展程度模糊综合评判

本书提出了内河集装箱运输系统协调发展的评价指标体系，它包含了3个一级指标，即属性层指标；11个二级指标，即要素层指标；21个三级指标，即指标层指标。本书针对该指标体系，对内河集装箱运输协调发展程度进行三级模糊综合评判。

第一，一级指标、二级指标和三级指标分别用 x_i，x_{ij}，x_{ijk} 表示。

第二，确定评语等级，设评语集 $V=(v_1, v_2, v_3, v_4, v_5)$，分别表示很好、好、一般、不好、差五个等级。

第三，利用三角模糊数法确定各指标的权重，将一级指标、二级指标和三级指标分别相当于上一级指标所占的权重用 w_i，w_{ij}，w_{ijk} 表示。

第四，根据专家意见确定21个三级指标在评语集 V 上的模糊向量，21个三级指标分别是：

x_{111}，x_{112}，x_{121}，x_{122}，x_{131}，x_{132}，x_{141}，x_{142}，x_{151}，x_{152}，x_{211}，x_{212}，x_{221}，x_{222}，x_{311}，x_{312}，x_{321}，x_{322}，x_{331}，x_{341}，x_{342}

三级指标 x_{ijk} 在评语集 V 的模糊向量记作 r_{ijkt}，式中 $t=1, 2, 3, 4, 5$；二级指标 x_{ij} 在评语集 V 的模糊向量记作 r_{ijt}，式中 $t=1, 2, 3, 4, 5$。

第五，分别计算二级指标在评语集 V 上的模糊向量：

①经济协调度 x_{11} 在评语集 V 上的模糊向量。

$$(r_{111}, r_{112}, r_{113}, r_{114}, r_{115})=(w_{111}, w_{112}) \circ \begin{pmatrix} r_{1111} & r_{1112} & r_{1113} & r_{1114} & r_{1115} \\ r_{1121} & r_{1122} & r_{1123} & r_{1124} & r_{1125} \end{pmatrix}$$

②社会协调度 x_{12} 在评语集 V 上的模糊向量。

$$(r_{121}, r_{122}, r_{123}, r_{124}, r_{125}) = (w_{121}, w_{222}) \circ \begin{pmatrix} r_{1211} & r_{1212} & r_{1213} & r_{1214} & r_{1215} \\ r_{1221} & r_{1222} & r_{1223} & r_{1224} & r_{1225} \end{pmatrix}$$

③综合运输协调度 x_{13} 在评语集 V 上的模糊向量。

$$(r_{131}, r_{132}, r_{133}, r_{134}, r_{135}) = (w_{131}, w_{132}) \circ \begin{pmatrix} r_{1311} & r_{1312} & r_{1313} & r_{1314} & r_{1315} \\ r_{1321} & r_{1322} & r_{1323} & r_{1324} & r_{1325} \end{pmatrix}$$

④资源协调度 x_{14} 在评语集 V 上的模糊向量。

$$(r_{141}, r_{142}, r_{143}, r_{144}, r_{145}) = (w_{141}, w_{142}) \circ \begin{pmatrix} r_{1411} & r_{1412} & r_{1413} & r_{1414} & r_{1415} \\ r_{1421} & r_{1422} & r_{1423} & r_{1424} & r_{1425} \end{pmatrix}$$

⑤环境协调度 x_{15} 在评语集 V 上的模糊向量。

$$(r_{151}, r_{152}, r_{153}, r_{154}, r_{155}) = (w_{151}, w_{152}) \circ \begin{pmatrix} r_{1511} & r_{1512} & r_{1513} & r_{1514} & r_{1515} \\ r_{1521} & r_{1522} & r_{1523} & r_{1524} & r_{1525} \end{pmatrix}$$

⑥组织协调度 x_{21} 在评语集 V 上的模糊向量。

$$(r_{211}, r_{212}, r_{213}, r_{214}, r_{215}) = (w_{211}, w_{212}) \circ \begin{pmatrix} r_{2111} & r_{2112} & r_{2113} & r_{2114} & r_{2115} \\ r_{2121} & r_{2122} & r_{2123} & r_{2124} & r_{2125} \end{pmatrix}$$

⑦能力协调度 x_{22} 在评语集 V 上的模糊向量。

$$(r_{221}, r_{222}, r_{223}, r_{224}, r_{225}) = (w_{221}, w_{222}) \circ \begin{pmatrix} r_{2211} & r_{2212} & r_{2213} & r_{2214} & r_{2215} \\ r_{2221} & r_{2222} & r_{2223} & r_{2224} & r_{2225} \end{pmatrix}$$

⑧线路协调度 x_{31} 在评语集 V 上的模糊向量。

$$(r_{311}, r_{312}, r_{313}, r_{314}, r_{315}) = (w_{311}, w_{312}) \circ \begin{pmatrix} r_{3111} & r_{3112} & r_{3113} & r_{3114} & r_{3115} \\ r_{3121} & r_{3122} & r_{3123} & r_{3124} & r_{3125} \end{pmatrix}$$

⑨节点设备协调度 x_{32} 在评语集 V 上的模糊向量。

$$(r_{321}, r_{322}, r_{323}, r_{324}, r_{325}) = (w_{321}, w_{322}) \circ \begin{pmatrix} r_{3211} & r_{3212} & r_{3213} & r_{3214} & r_{3215} \\ r_{3221} & r_{3222} & r_{3223} & r_{3224} & r_{3225} \end{pmatrix}$$

⑩移动设备协调度 x_{33} 在评语集 V 上的模糊向量。

$$(r_{331}, r_{332}, r_{333}, r_{334}, r_{335}) = w_{331} \circ (r_{3311} \quad r_{3312} \quad r_{3313} \quad r_{3314} \quad r_{3315})$$

⑪软件协调度 x_{34} 在评语集 V 上的模糊向量。

$$(r_{341},r_{342},r_{343},r_{344},r_{345})=(w_{341},w_{342})\circ\begin{pmatrix}r_{3411} & r_{3412} & r_{3413} & r_{3414} & r_{3415}\\ r_{3421} & r_{3422} & r_{3423} & r_{3424} & r_{3425}\end{pmatrix}$$

第六，确定 3 个一级指标在评语集 V 上的模糊向量：

①内河集装箱运输系统与外部协调发展度 x_1 在评语集 V 上的模糊向量。

$$(r_{11},r_{12},r_{13},r_{14},r_{15})=(w_{11},w_{12},w_{13},w_{14},w_{15})\circ\begin{pmatrix}r_{111} & r_{112} & r_{113} & r_{114} & r_{115}\\ r_{121} & r_{122} & r_{123} & r_{124} & r_{125}\\ r_{131} & r_{132} & r_{133} & r_{134} & r_{135}\\ r_{141} & r_{142} & r_{143} & r_{144} & r_{145}\\ r_{151} & r_{152} & r_{153} & r_{154} & r_{155}\end{pmatrix}$$

②内河集装箱运输子系统之间协调发展度 x_2 在评语集 V 上的模糊向量。

$$(r_{21},r_{22},r_{23},r_{24},r_{25})=(w_{21},w_{22})\circ\begin{pmatrix}r_{211} & r_{212} & r_{213} & r_{214} & r_{215}\\ r_{221} & r_{222} & r_{223} & r_{224} & r_{225}\end{pmatrix}$$

③内河集装箱运输子系统内部协调发展度 x_3 在评语集 V 上的模糊向量。

$$(r_{31},r_{32},r_{33},r_{34},r_{35})=(w_{31},w_{32},w_{33},w_{34})\circ\begin{pmatrix}r_{311} & r_{312} & r_{313} & r_{314} & r_{315}\\ r_{321} & r_{322} & r_{323} & r_{324} & r_{325}\\ r_{331} & r_{332} & r_{333} & r_{334} & r_{334}\\ r_{341} & r_{342} & r_{343} & r_{344} & r_{345}\end{pmatrix}$$

第七，确定内河集装箱运输系统发展协调度即评判目标在评语集 V 上的模糊向量：

$$(r_1,r_2,r_3,r_4,r_5)=(w_1,w_2,w_3)\circ\begin{pmatrix}r_{11} & r_{12} & r_{13} & r_{14} & r_{15}\\ r_{21} & r_{22} & r_{23} & r_{24} & r_{25}\\ r_{31} & r_{32} & r_{33} & r_{34} & r_{35}\end{pmatrix}$$

式中：(r_1，r_2，r_3，r_4，r_5) 即为对内河集装箱运输系统协调发展这个评判目标的综合评判，记作 R，即

$$R=(r_1,r_2,r_3,r_4,r_5)$$

第八，计算综合评判值，并与协调临界值（CDI）对比，判断内河集装箱运输系统协调发展程度。

5.4 案例分析——长江集装箱运输系统协调发展评价

5.4.1 长江集装箱运输系统发展现状分析

长江全长 6 300 多千米，是我国及亚洲第一大河，素有“黄金水道”之称。2012 年，长江干线货物通过量突破 18 亿 t，再居世界内河首位，其中集装箱吞吐量达 1 370 万 TEU，同比增长 22.5%，成为长江内河运输发展新的经济增长点。2011 年国务院出台《关于加快长江等内河发展的指导意见》，使内河运输上升为国家战略，为推动长江航运发展注入强大动力，长江集装箱运输发展面临新的发展机遇，随着长江航道和运输基础设施的不断完善、经济社会的发展和对环保的日益重视，长江集装箱运输将会有更大的发展空间。长江集装箱运输主要集中在位于长江干线的江苏省、安徽省、江西省、湖北省、湖南省、重庆市和四川省共六省一市，其余支流集装箱物流量较少，不在本书研究范围内。

1976 年，长江开辟了第一条内河集装箱班轮航线，开启了长江集装箱运输的新纪元，由于货源和管理体制等多方面原因曾经中断过，

后来在相关部门的重视和支持下又出现了转机，尽管取得了一些成就，但就增长速度和规模而言，并没有明显起色，仍处于艰难起步的发展阶段。进入 20 世纪 90 年代，我国外贸政策进行了结构性调整，加上国际航运市场竞争激烈和船舶大型化趋势明显，出现了中小型船舶运力过剩，这为长江集装箱运输提供了难得的发展机遇。尤其是进入 21 世纪，我国加入 WTO，在政府和企业的共同努力下，长江装箱运输以超乎人们想象的速度发展，显现出强大的生命力，已成为长江内河运输新的增长点，使长江集装箱运输进入了快速、健康的发展阶段。2001 年，长江干线港口完成集装箱吞吐量 95.5 万 TEU，其后一直保持快速发展态势，2012 年完成 1 370 万 TEU，年均增长率为 27.4%，除 2009 年受金融危机影响，增长率仅为 5.2%以外，其余年份均保持 20%以上的增速。2001～2012 年长江港口集装箱吞吐量发展情况见表 5－8。

表 5－8　2001～2012 年长江港口集装箱吞吐量发展情况表

年　度	2001	2002	2003	2004	2005	2006
吞吐量/万 TEU	95.5	128.8	163.7	220.2	289.1	420.1
增长率/%	33.6	37.8	27.1	34.5	31.3	45.3
年　度	2007	2008	2009	2010	2011	2012
吞吐量/万 TEU	570.6	711.8	749.1	940.7	1 164.2	1 370
增长率/%	35.8	24.7	5.2	25.6	23.8	17.7

资料来源：根据交通运输部统计资料汇编[168]整理。

从地域分布上来看，长江集装箱运输主要集中在江苏省，比重一直保持在 80%左右，除江苏省外，重庆市和湖北省相比其他省市发展较快，比重增长较快，分别从 2001 年的 5.5%和 4.8%上升到 2012 年的 6.9%和 5.8%，这与经济发展水平密切相关。江苏省经济发达程度高于其他省份，因此集装箱运输需求较为集中。湖北省和重庆市近年来经济发展较快，因此运输需求比重有所上升，但与江苏省相比，仍旧不在一个水平线上。长江集装箱运输地域分布发展情况见表 5－9。

表 5－9 历年长江集装箱运输地域分布发展情况

年度	2001		2005		2010		2011		2012	
	吞吐量/万 TEU	比重/%	吞吐量/万 TEU	比重/%	吞吐量/万 TEU	比重/%	吞吐量/万 TEU	比重/%	吞吐量/万 TEU	比重/%
江苏	76.7	80.3	204.5	72.5	740	78.7	821.5	77.2	1 089.3	79.5
安徽	4.1	4.3	11.1	3.9	22.1	2.4	33.8	3.2	38.5	2.8
江西	2.1	2.2	6.0	2.1	17.1	1.8	20.4	1.9	22.6	1.6
湖北	5.3	5.5	27.2	9.6	77.1	8.2	86.0	8.1	95.1	6.9
湖南	2.7	2.8	9.0	3.2	20.7	2.2	23.2	2.2	29.0	2.1
重庆	4.6	4.8	22.0	7.8	56.0	6.0	68.4	6.4	79.5	5.8
四川	0.0	0.0	2.2	0.8	7.0	0.7	10.8	1.0	16.0	1.2
合计	95.5	100.0	282.0	100.0	940.0	100.0	1 064.1	100.0	1 370.0	100.0

资料来源：根据交通运输部统计资料汇编[168]整理。

从运输流向上来看，长江集装箱运输分为外贸运输和内贸运输。进入 21 世纪，内贸运输和外贸运输都得到了快速发展，其中内贸运输由 2001 年的 42.1 万 TEU，增长到 2012 年的 852.2 万 TEU，年均增速达到 31.4%。外贸运输由 2001 年的 53.4 万 TEU，增长到 2012 年的 517.8 万 TEU，年均增速达到 22.9%。内贸运输增速远高于外贸运输增速是由于受全球经济危机影响，外需不足，而我国经济社会发展较快，同时受节能环保要求的日益提高的影响，以及长江运输基础设施不断完善所致。长江集装箱运输流向及流向发展情况见表 5－10。

表 5－10 历年长江集装箱运输流向表 万 TEU

年 度	2001	2005	2010	2011	2012
内贸线	42.1	118.6	557.5	607.4	852.2
外贸线	53.4	163.4	382.5	456.7	517.8

资料来源：根据交通运输部统计资料汇编[168]整理。

随着长江地区产业结构的转型升级，适箱货运输需求呈现不断上涨趋势，由 2005 年的 8 245.5 万 t 上涨到 2012 年的 3.03 亿 t，年均增长率达到 20.4％。随着长江物流基础设施的不断完善，用集装箱装运的适箱货也呈现不断提升的态势，由 2005 年的 2 267 万 t 增长到 2012 年的 1.3 亿 t，年均增长率达到 28.4％，因此集装箱化率由 2005 年的 27.5％上升到 42.3％，根据历年集装箱率数据可分析得到，长江内河集装箱化率年均提升 2 个百分点。历年长江集装箱化率见表5－11。

表 5－11 历年长江集装箱化率表

年 度	适箱货/万 t	箱内货重/万 t	集装箱化率
2012	30 313.1	13 009	42.9％
2011	26 974.8	11 015	40.8％
2010	22 869.1	8 905	38.9％
2005	8 245.5	2 267	27.5％

资料来源：根据交通运输部统计资料汇编[168]整理。

5.4.2 确定指标评价的模糊向量

为了便于评价协调发展的状态变化，本书主要采集了 2003 年、2009 年和 2012 年长江运输系统协调发展指标的数据，其中有些地区性数据，主要采用了长江沿线的重庆市、四川省、江西省、湖南省、湖北省、安徽省和江苏省的数据。有些数据有直接的来源，有些数据是通过推导计算而获得的，也有些数据是根据调研和估算而来。在此基础上，由于不同内河集装箱运输系统发展基础不同、发展水平及发展环境不同，需要专家对目标系统发展的情况进行评价，根据不同专家意见，确定各指标在评语集 V 上的模糊向量。设评语集 $V=(v_1, v_2, v_3, v_4, v_5)$，分别表示很好、好、一般、不好、差五个等级，为便于定量评价，采用模糊数学语言来处理，见表 5－12。

表 5－12 评语集

评 语	很 好	好	一 般	不 好	差
取值范围	[0.8～1)	[0.6～0.8)	[0.4～0.6)	[0.2～0.4)	[0～0.2)

假设 V={[0.8～1)，[0.6～0.8)，[0.4～0.6)，[0.2～0.4)，[0～0.2)}，用以表示五个等级。本次研究共发放调查问卷 25 份，回收 18 份，专家分别来自于政府、航运企业、港口企业、物流企业、高校等，具备代表性，经过处理，长江集装箱运输系统协调发展的评价指标在评语集 V 上的模糊向量见表 5－13。

表 5－13 长江集装箱运输系统协调发展评价指标模糊向量表

指 标	2003	2009	2012
内河集装箱运输需求弹性系数(D_1)	0.487 9	0.131 6	0.329 5
内河外贸集装箱运输需求弹性系数(D_2)	0.016 8	0.230 5	0.675 8
单位运量带动就业人数(D_3)	0.194 5	0.428 4	0.576 8
内河港口集装箱化率(D_4)	0.181 0	0.329 5	0.428 4
集装箱运输替代弹性系数(D_5)	0.230 3	0.428 4	0.477 9

续 表

指 标	2003	2009	2012
内河集装箱运输弹性系数(D_6)	0.230 5	0.230 5	0.378 9
单位内河集装箱运输每千米燃料消耗量(D_7)	0.181 0	0.378 9	0.478 0
单位占地内河集装箱通过能力(D_8)	0.374 8	0.576 8	0.626 3
内河集装箱船舶废弃物排放达标率(D_9)	0.230 5	0.477 9	0.576 8
内河集装箱港口废弃物排放达标率(D_{10})	0.230 9	0.478 5	0.725 2
装卸船时间比重(D_{11})	0.378 9	0.576 8	0.675 8
装卸车时间比重(D_{12})	0.378 4	0.477 9	0.576 8
运输装卸能力适应性(D_{13})	0.477 8	0.576 8	0.626 3
运输堆场能力适应性(D_{14})	0.489 0	0.725 2	0.774 7
高等级航道里程比重(D_{15})	0.230 5	0.280 0	0.280 0
集疏港道路方便程度(D_{16})	0.264 1	0.511 5	0.610 5
码头专业化率(D_{17})	0.264 5	0.515 0	0.610 7
设备兼容程度(D_{18})	0.511 5	0.758 8	0.907 3
船型标准化率(D_{19})	0.264 1	0.511 5	0.610 5
信息化程度(D_{20})	0.476 4	0.758 0	0.808 4
运输组织优化程度(D_{21})	0.264 1	0.758 8	0.809 4

5.4.3 指标权重的确定

本书研究采用三角模糊数法确定各层指标权重，见表 5－14。

表 5－14 长江集装箱运输系统协调发展指标体系权重表

目标层	属性层	要素层	指标层
内河集装箱运输系统协调发展度(A)	内河集装箱运输系统与外部协调发展度(B_1)0.330 0	经济协调度(C_1)0.221 0	内河集装箱运输需求弹性系数(D_1)0.287 9
			内河外贸集装箱运输需求弹性系数(D_2)0.712 1
		社会协调度(C_2)0.178 0	单位运量带动就业人数(D_3)0.576 0
			内河港口集装箱化率(D_4)0.424 0
		综合运输协调度(C_3)0.101 0	集装箱运输替代弹性系数(D_5)0.657 8
			内河集装箱运输弹性系数(D_6)0.342 2
		资源协调度(C_4)0.123 0	单位内河集装箱运输每千米燃料消耗量(D_7)0.500 0
			单位占地内河集装箱通过能力(D_8)0.500 0
		环境协调度(C_5)0.377 0	内河集装箱船舶废弃物排放达标率(D_9)0.500 0
			内河集装箱港口废弃物排放达标率(D_{10})0.500 0
	内河集装箱运输子系统之间协调发展度(B_2)0.330 0	组织协调度(C_6)0.500 0	装卸船时间比重(D_{11})0.554 8
			装卸车时间比重(D_{12})0.445 2
		能力协调度(C_7)0.500 0	运输装卸能力适应性(D_{13})0.500 0
			运输堆场能力适应性(D_{14})0.500 0
	内河集装箱运输子系统内部协调发展度(B_3)0.330 0	线路协调度(C_8)0.225 0	高等级航道里程比重(D_{15})0.327 0
			集疏港道路方便程度(D_{16})0.673 0
		节点设备协调度(C_9)0.237 0	码头专业化率(D_{17})0.648 5
			设备兼容程度(D_{18})0.351 5
		移动设备协调度(C_{10})0.135 0	船型标准化率(D_{19})1.000 0
		软件协调度(C_{11})0.403 0	信息化程度(D_{20})0.648 0
			运输组织优化程度(D_{21})0.352 0

5.4.4 指标协调发展度评估

根据上节确定的权重，对各层指标进行评估，计算结果见表 5－15、表 5－16 和表 5－17。

表 5－15 2003 年长江集装箱运输系统协调发展度评估表

目标层	属性层	要素层	指标层
内河集装箱运输系统协调发展度(A)0.356 4	内河集装箱运输系统与外部协调发展度(B_1)0.211 7	经济协调度(C_1)0.152 4	内河集装箱运输需求弹性系数(D_1)0.487 9
			内河外贸集装箱运输需求弹性系数(D_2)0.016 8
		社会协调度(C_2)0.188 8	单位运量带动就业人数(D_3)0.194 5
			内河港口集装箱化率(D_4)0.181 0
		综合运输协调度(C_3)0.230 4	集装箱运输替代弹性系数(D_5)0.230 3
			内河集装箱运输弹性系数(D_6)0.230 5
		资源协调度(C_4)0.277 9	单位内河集装箱运输每千米燃料消耗量(D_7)0.181 0
			单位占地内河集装箱通过能力(D_8)0.374 8
		环境协调度(C_5)0.230 7	内河集装箱船舶废弃物排放达标率(D_9)0.230 5
			内河集装箱港口废弃物排放达标率(D_{10})0.230 9
	内河集装箱运输子系统之间协调发展度(B_2)0.431 0	组织协调度(C_6)0.378 7	装卸船时间比重(D_{11})0.378 9
			装卸车时间比重(D_{12})0.378 4
		能力协调度(C_7)0.483 4	运输装卸能力适应性(D_{13})0.477 8
			运输堆场能力适应性(D_{14})0.489 0
	内河集装箱运输子系统内部协调发展度(B_3)0.437 1	线路协调度(C_8)0.253 1	高等级航道里程比重(D_{15})0.230 5
			集疏港道路方便程度(D_{16})0.264 1
		节点设备协调度(C_9)0.351 3	码头专业化率(D_{17})0.264 5
			设备兼容程度(D_{18})0.511 5
		移动设备协调度(C_{10})0.264 1	船型标准化率(D_{19})0.264 1
		软件协调度(C_{11})0.401 7	信息化程度(D_{20})0.476 4
			运输组织优化程度(D_{21})0.364 1

表 5－16 2009 年长江集装箱运输系统协调发展度评估表

目标层	属性层	要素层	指标层
内河集装箱运输系统协调发展度(A)0.548 4	内河集装箱运输系统与外部协调发展度(B_1)0.388 9	经济协调度(C_1)0.202 0	内河集装箱运输需求弹性系数(D_1)0.131 6
			内河外贸集装箱运输需求弹性系数(D_2)0.230 5
		社会协调度(C_2)0.386 4	单位运量带动就业人数(D_3)0.428 4
			内河港口集装箱化率(D_4)0.329 5
		综合运输协调度(C_3)0.360 7	集装箱运输替代弹性系数(D_5)0.428 4
			内河集装箱运输弹性系数(D_6)0.230 5
		资源协调度(C_4)0.477 9	单位内河集装箱运输每千米燃料消耗量(D_7)0.378 9
			单位占地内河集装箱通过能力(D_8)0.576 8
		环境协调度(C_5)0.478 2	内河集装箱船舶废弃物排放达标率(D_9)0.477 9
			内河集装箱港口废弃物排放达标率(D_{10})0.478 5
	内河集装箱运输子系统之间协调发展度(B_2)0.591 9	组织协调度(C_6)0.532 8	装卸船时间比重(D_{11})0.576 8
			装卸车时间比重(D_{12})0.477 9
		能力协调度(C_7)0.651 0	运输装卸能力适应性(D_{13})0.576 8
			运输堆场能力适应性(D_{14})0.725 2
	内河集装箱运输子系统内部协调发展度(B_3)0.681 0	线路协调度(C_8)0.435 8	高等级航道里程比重(D_{15})0.280 0
			集疏港道路方便程度(D_{16})0.511 5
		节点设备协调度(C_9)0.600 7	码头专业化率(D_{17})0.515 0
			设备兼容程度(D_{18})0.758 8
		移动设备协调度(C_{10})0.511 5	船型标准化率(D_{19})0.511 5
		软件协调度(C_{11})0.758 3	信息化程度(D_{20})0.758 0
			运输组织优化程度(D_{21})0.758 8

表 5－17　2012 年长江集装箱运输系统协调发展度评估表

目标层	属性层	要素层	指标层
内河集装箱运输系统协调发展度(A)0.655 5	内河集装箱运输系统与外部协调发展度(B_1)0.577 0	经济协调度(C_1)0.576 1	内河集装箱运输需求弹性系数(D_1)0.329 5
			内河外贸集装箱运输需求弹性系数(D_2)0.675 8
		社会协调度(C_2)0.513 9	单位运量带动就业人数(D_3)0.576 8
			内河港口集装箱化率(D_4)0.181 6
		综合运输协调度(C_3)0.444 0	集装箱运输替代弹性系数(D_5)0.428 4
			内河集装箱运输弹性系数(D_6)0.477 9
		资源协调度(C_4)0.552 2	单位内河集装箱运输每千米燃料消耗量(D_7)0.378 9
			单位占地内河集装箱通过能力(D_8)0.478 0
		环境协调度(C_5)0.651 0	内河集装箱船舶废弃物排放达标率(D_9)0.626 3
			内河集装箱港口废弃物排放达标率(D_{10})0.576 8
	内河集装箱运输子系统之间协调发展度(B_2)0.666 1	组织协调度(C_6)0.631 7	装卸船时间比重(D_{11})0.725 2
			装卸车时间比重(D_{12})0.675 8
		能力协调度(C_7)0.700 5	运输装卸能力适应性(D_{13})0.576 8
			运输堆场能力适应性(D_{14})0.626 3
	内河集装箱运输子系统内部协调发展度(B_3)0.743 4	线路协调度(C_8)0.502 4	高等级航道里程比重(D_{15})0.774 7
			集疏港道路方便程度(D_{16})0.280 0
		节点设备协调度(C_9)0.715 0	码头专业化率(D_{17})0.610 5
			设备兼容程度(D_{18})0.610 7
		移动设备协调度(C_{10})0.610 5	船型标准化率(D_{19})0.907 3
		软件协调度(C_{11})0.808 7	信息化程度(D_{20})0.808 4
			运输组织优化程度(D_{21})0.809 4

5.4.5 综合分析

通过对 2003 年、2009 年和 2012 年长江集装箱运输系统协调发展度指标计算可以得出，2003 年、2009 年和 2012 年 CDI(A) 分别为 0.348，0.533 和 0.644，即 2003 年长江集装箱运输系统发展程度处于不协调阶段，主要受长江集装箱运输系统与外部协调程度和子系统内部协调程度较低的影响，与经济、社会、综合运输、资源和环境之间协调程度均较低。例如由于长江集装箱运输系统不能满足沿江省市对外贸易的发展，协调程度仅为 0.016 8，长江集装箱运输系统排放问题较为严重，且与综合运输体系发展不够协调；子系统内部由于基础设施建设较为落后，严重影响了长江集装箱运输子系统内部的协调发展，进而影响了长江集装箱运输整个系统的协调发展程度。2009 年至 2012 年长江集装箱运输系统发展程度处于基本协调阶段，与 2003 年相比，协调程度有明显提高。2003 年长江集装箱运输系统协调发展程度，主要受到与外部协调发展及子系统内部协调发展程度较低影响。到 2009 年，长江集装箱运输系统协调发展主要还是受到与外部之间的协调关系的拖累，环境协调度虽然有了明显改进，但是与综合运输体系之间的协调程度还有待于进一步提高。到 2012 年，长江内河集装箱运输系统协调发展程度主要受到与外部之间协调程度的影响，主要表现在与综合运输体系之间不协调，以及与资源利用之间的不协调。如果仅仅从年度指标来看，长江集装箱运输子系统之间的发展程度总是处于基本协调状态，也就是说内河集装箱运输系统发展过程中，无论从事某个环节的管理和运营，都会考虑相应配套设施的发展状况，也充分体现出内河集装箱运输系统自组织的特征。

回顾 2003～2009 年长江集装箱运输发展的历程，长江港口集装箱吞吐量由 2003 年的 164 万 TEU 上升到 2012 年的 1 370 万 TEU，年均增长率为 26.6%；而同时期长江沿线各省市的 GDP 由 2003 年的 36 991 亿元增长到 2012 年的 163 932 亿元，年均增长率为 18.0%。其中，长江港口外贸集装箱吞吐量由 2003 年的 98 万 TEU 增长到 2012 年的 518 万 TEU，年均增长率为 20.3%；而同期长江沿线省市外贸进出口额由 2003 年的 1 392 亿美元增长到 2012 年的 7 870 亿美元，年均增长率为 21.2%。以上数据显示，长江集装箱运输量增速高于沿线区域经济发展速度，因此长江集装箱运输的快速发展带动了沿江省市经济的发展，该趋势与前述长江集装箱运输系统与经济协调发展度由 2003 年的 0.172 上升到 2012 年的 0.578 的判断是一致的。在这十年中，长江内河集装箱运输系统在可持续发展方面的问题一直很明显，因此交通部在 2003 年开始推进内河船型标准化工作，2007 年发布了《交通部关于港口节能减排工作的指导意见》，旨在减少船舶和港口污染物排放。近期，交通运输部提出在“十二五”期间，将通过设置营运船舶能耗和排放限制标准，强化内河运输的节能减排和环保，力争到 2015 年，与 2005 年相比，内河船舶单位运输周转量能耗下降 14%。2009 年 12 月 12 日，时任中共中央政治局委员、国务院副总理张德江在湖北武汉召开的内河航运发展座谈会上强调，要深入贯彻落实科学发展观，全面贯彻中央经济工作会议精神，科学规划，统筹协调，深化改革，加快建设，促进内河航运快速发展、协调发展、安全发展、绿色发展，为我国经济社会发展提供有力支撑。2011 年国务院出台《关于加快长江等内河发展的指导意见》，使内河运输上升为国家战略，为推动长江航运发展注入强大动力，同时也进一步促进了长江集装箱运输系统协调发展程度，2012 年 CDI 达到了 0.644，与 2009 年相比，协调程度进一步加强。因此，我国相关部门和领导提出的要求和措施规范都促进了内河集装箱运输系统的协调发展。分析表明，本书所构建的内河集装箱运输系统协调发展指标体系基本符合我国内河集装箱运输发展实际情况，可为相关部门制定相关政策和要求提供相应的理论支持。

5.5 内河集装箱运输系统协调发展建议

通过对内河集装箱运输系统协调发展的理论体系及机制分析，以及在此基础上进行的定性及定量分析，针对我国内河集装箱运输系统发展存在的问题，提出促进内河集装箱运输系统协调发展的建议。

5.5.1 宏观层面

制定相关政策，目的是规范和协调内河集装箱运输系统发展过程中相关利益主体之间的关系。因此，要考虑不同区域不同的运输需求，结合区域不同的经济、社会、环境、自然条件等特点，在政策内容上有所区别，还要充分发挥市场机制的特点，为内河集装箱运输提供公平、有序的环境。我国针对内河集装箱运输应当制定如下政策。

首先，通过税收与补贴政策提高内河集装箱运输系统的运输供给能力。政府可以通过制定土地划拨、直接投资、减免税赋、给予补贴等政策，大力扶持内河集装箱运输基础设施建设，解决内河集装箱运输投入不足的问题，增强内河集装箱运输系统运输的供给能力。相关政府部门给予从事内河集装箱运输的港口、船公司优惠的资金补贴或贴息贷款，给予港口企业、船公司税收或相关规费的减免，为从事内河航道改造项目的企业提供优惠、灵活的融资政策支持等，从而降低港口转运环节成本，提升内河集装箱运输系统竞争力。

其次，继续推进市场体系的完善，规范市场行为，为内河集装箱运输的主体之间提供良好的竞争环境。按照市场化的原则，由企业自主经营，政府在市场准入、规则制定和市场监管上行使职能，消除行业壁垒，鼓励企业合理竞争，引导企业向规模化和集约化发展，从而提高市场集中度，形成以骨干企业为主导、中小企业为补充的，分工合作、健康发展的市场格局。

最后，优化产业布局，尽量缩短内陆集疏港距离，从而降低内陆集疏港环节成本。

5.5.2 中观层面

(1) 加大基础设施建设力度

① 要加快内河集装箱运输系统线路基础设施的建设力度。

目前我国内河集装箱运输系统的线路基础设施依然薄弱，还不能有效满足我国区域经济协调发展的需要。而且，线路的发展程度直接决定着内河集装箱运输系统的辐射范围，发达的公路线路网络和高等级的内河航道网络可以促进内河集装箱运输系统协调发展，也可以促进其在综合运输体系中的地位提升。因此，在线路基础设施的建设上，应采用政府投资为主和社会投资为辅相结合的方式，促使资金、资源等的有效利用和社会公平。2004 年，交通运输部编制出台了《长江三角洲高等级航道网布局规划》，该规划的出台对内河航道网的规划和建设起到了巨大指导作用。到目前看，该规划实施后，在很大程度上降低了内河集装箱运输成本，大幅度提高了企业运输效益，减少了船舶拥堵、碍航现象的发生，航道综合通过能力进一步提高。

② 应重视内河集装箱港口的规划与建设。

发展内河集装箱运输，应高度重视内河集装箱港口的规划和建设，使内河集装箱运输子系统之间“无缝衔接”。因此，对于内河集装箱运输系统的发展应统一规划与指导，加大支持力度，在土地、资金、税收等方面出台优惠政策，实行集中管理，引导各运输企业自主经营。由于内河集装箱港口是各子系统在空间上相互连接、实现一体化运输服务的核心环节，如果没有好的规划与设计，投资越多可能意味着浪费越大、效率损失越多。因此，内河集装箱港口的规划必须具有权威性。

(2) 加强支持保障体系建设

内河集装箱运输是一个复杂的系统工程，应当重视其支持保障体系的建设。在加大航道、港口等硬件基础设施建设的同时，还应加强内河集装箱运输系统信息化等的软件建设，通过规范统一的信息处理流程，为港航企业提供信息服务。同时还要改善口岸环境，提高“一关三检”等部门的服务效率。欧洲为了促进内河集装箱运输的发展，出台了《塞纳河规定》，规定所有的通关手续可以在船舶运行的同时办理，使得船舶运输成了仓库的延伸，提高了内河集装箱运输的运行效率。内河集装箱运输相关单证的标准化建设也很重要，建立和完善符合国际惯例，并且能与干线集装箱运输相衔接的内河集装箱运输单证标准体系。由于目前我国内河航道的治理还不够，在一些航段上还存在堵航、碍航现象，但是内河集装箱运输必须做到快捷、准点，否则会影响与海运干线集装箱运输的衔接。建议开通内河集装箱运输的“绿色通道”，享有优先通过权力，只有这样才能使内河集装箱运输的优势进一步凸显，从而吸引货主“弃陆走水”，反过来，充足的箱源也将进一步促进内河集装箱运输的发展。

5.5.3 微观层面

(1) 规范统一技术作业流程

内河集装箱运输系统协调发展依赖于产、供、运、销以及集、装、运、卸、疏等各个环节的配合协作，因此为了使各个子系统及构成要素协调发展，必须对整个集装箱运输过程制定规范统一的作业流程。这种规范统一技术作业流程就是要使相互衔接的不同子系统之间按统一的标准运行，在堆场换装货物时，按统一作业程序安排运输工具与装卸设备，为无倒装运输和省略中间存储环节的换倒装方案创造条件，以求最大限度地实现换装作业连续性。

(2) 引入现代物流管理理念

随着现代物流时代的到来，内河集装箱运输系统应当从只具备简单的货物装卸、储存、运输、转运等服务功能向为用户提供流通加工、包装、配送、报关、船舶代理、货运代理、金融、保险、信息咨询等增值服务方向转变。这就要求内河集装箱运输系统环节中的装卸、存储、包装、流通加工、信息处理等功能能够按照科学、合理的流程组织起来，使客户获得最佳的运输路线、最短的运输时间、最低的运输成本，最高的运输效率。码头中转环节要协调解决好不同运输方式之间的能力匹配问题，使各种运输方式运输的集装箱货物能够均衡地到离码头，从而提高物流效率。因此，引入现代物流管理理念，提供增值服务，可以弥补集疏港环节和港口转运环节成本高的问题，从而提升内河集装箱运输系统的竞争力，有利于内河集装箱运输系统的协调发展。

(3) 应用信息技术

由于内陆集疏港环节和船舶运输环节运输的集装箱货物抵达码头

在时间上往往存在着很大的不均衡性，所以要把内河集装箱运输系统各环节的作业连接成一个有机的整体，各个环节环环相扣，紧密衔接，这就需要采用计算机通信技术。借助自动识别技术、现代通信等技术手段，各个环节作业的操作者可以随时了解集装箱的位置，并即时做出反应。此外，采用自动定位技术系统、自动校准直线系统可提高码头换装技术水平，从而减少船舶在港停时。因此，为了促进内河集装箱运输系统的协调发展，应加强信息化建设，保证内河集装箱运输信息的实时性、完备性和准确性，以便各个环节的操作者及时了解其他运输环节的动态变化，从而有利于制定自己的作业计划，使内河集装箱运输系统管理向信息化、智能化、自动化方向发展，从信息完备和共享等角度实现内河集装箱运输系统协调发展的目标。

(4) 推广使用标准内河集装箱运输船型

应在充分利用航道通航条件的前提下，尽快开展我国内河集装箱运输标准化船型的推广工作，尽快实现船舶的标准化，进一步提高内河集装箱运输的综合效益和竞争力。

5.6 本章小结

本章是在前文有关内河集装箱运输系统发展理论、机制定性分析的基础上，对内河集装箱运输系统协调发展程度给出定量分析方法，可得出如下研究结论：

第一，构建内河集装箱运输系统协调发展评价指标体系，能够为定量评价其协调程度创造基础条件，指标体系设计既应充分体现内河集装箱运输系统的特点，也要考虑协调的内容，构建内河集装箱运输系统协调发展指标体系应遵循科学性、可操作性、完备性、层次性、多功能性、动态性、针对性等原则。

第二，根据内河集装箱运输系统协调发展的内涵以及包含的三个层次结构，本章将评价指标体系分为目标层、属性层、要素层和指标层 4 个层次，并且最终选取 21 个指标。

第三，给出了内河集装箱运输系统协调发展评价方法和步骤，用指数型功效函数法确定内河集装箱运输系统协调发展度临界值(CDI)。当 0≤CDI≤0.367 9 时，系统处于不协调阶段；当 0.367 9≤CDI≤0.692 2 时，系统处于基本协调阶段；当 0.692 2≤CDI≤1 时，系统处于协调阶段。

第四，以长江集装箱运输系统为例，对其 2003 年、2009 年和 2012 年的协调发展程度进行评价。经测算，2003 年、2009 年和 2012 年 CDI(A) 分别为 0.348，0.533 和 0.644，即 2003 年长江集装箱运输系统发展程度处于不协调阶段，至 2009 年长江集装箱运输系统发展程度处于基本协调阶段，但 2009 年比 2003 年协调程度有明显提高，到了 2012 年，协调程度进一步提高。结论基本符合我国内河集装箱运输发展实际情况，可为相关部门制定相关政策和要求提供相应的理论支持。

第五，分别从宏观、中观和微观三个层面提出对策建议，即从完善政策体系、加大基础设施建设力度、加强支持保障体系建设和优化技术环节等方面提出建议，从而促进内河集装箱运输系统的协调发展。

6 研究结论与展望

6.1 主要研究结论

内河集装箱运输系统协调发展能够提升其在综合运输体系中的地位和作用，有利于我国实现建设资源节约、环境友好型社会的发展目标，促进我国经济社会的协调发展，因此开展内河集装箱运输协调发展研究意义重大。本书将协调理论、系统理论、经济学等学科理论引入内河集装箱运输协调发展研究，深化认识内河集装箱运输系统协调发展理论，并对其协调发展进行定性和定量分析，提出相关对策建议，为我国内河集装箱运输协调发展提供理论依据和决策参考。本书研究获得如下主要研究结论：

第一，内河集装箱运输系统的协调体现在系统与外部环境协调、子系统之间协调和子系统内部协调三个层次，内河集装箱运输系统协调，就是以发挥内河集装箱运输系统的综合效率与综合效益最大化为目标，以系统内各子系统之间有效的相互协作为导向，使系统处于和谐的发展状态。

第二，内河集装箱运输系统与外部协调发展，主要包括与经济、社会、综合运输体系、自然资源和生态环境的协调发展。内河集装箱运输系统与经济协调发展也遵循经济学中的供需理论，系统的供给应当适当大于经济需求，才能满足内河集装箱运输系统与经济的协调发展；内河集装箱运输系统与社会协调发展主要体现在就业上，随着内河集装箱运输业的发展，会出现就业的乘数扩张效应；内河集装箱运输系统是综合运输体系的重要组成部分，在综合运输体系中发挥着不可替代的作用；内河集装箱运输系统相对其他运输方式具有资源节约和环境友好的优势。

第三，内河集装箱运输子系统之间协调主要表现在结构协调、能力协调、组织协调和信息协调等几个方面，内河集装箱运输系统的耗散结构特征决定了子系统之间的协调过程是一个自组织演化过程。内河集装箱运输子系统之间的协调演化过程分为培育期、成长期、成熟期和衰退期，到了衰退期后，子系统之间的协调程度会进入新的生命周期，使内河集装箱运输系统进入新的发展结构。

第四，内河集装箱运输子系统内部协调发展程度主要体现在内部关联度和内部相互作用度两个方面，内河集装箱运输子系统内部协调，即是子系统内部构成要素之间的关联度处于良性循环的强关联型关系；内河集装箱运输各子系统内部构成元素之间的互相作用力彼此相等的时候，子系统内部达到协调状态。

第五，内河集装箱运输系统是由三个子系统及众多构成要素组成的复杂系统，要使这个复杂的系统实现协调发展，必须要构建相适应的信任机制、信息共享机制和利益分配机制来约束各构成要素的行为，保障内河集装箱运输系统发挥其优势和功能，否则也会出现不协调的现象。

6.2 主要创新点

第一，界定了内河集装箱运输系统的内涵和构成，将内河集装箱运输系统划分为内陆集疏港运输、码头中转、船舶运输三个子系统，每个子系统又划分为线路基础设施、节点基础设施、运输移动设备和运输软件四个构成要素，充分体现了内河集装箱运输系统的特点，为分层次研究内河集装箱运输系统协调发展奠定了理论基础。

第二，分析了内河集装箱运输系统与公路集装箱运输系统相比具备竞争力的前提条件，提炼出内河集装箱运输系统与海运集装箱运输系统之间对比具有如下特点：内河集装箱运输系统具有替代性；内河集装箱运输系统具有自组织特性；内河集装箱运输船舶相比大型化、灵便化更具竞争力。结合我国内河集装箱运输系统发展现状和特点得出，内河集装箱运输系统是综合运输体系中的短板原因除了基础设施、运输组织不完善之外，还受制于产业布局。

第三，依据系统理论、协调理论和经济学理论，对内河集装箱运输系统协调发展理论进行了系统梳理和深入分析，从系统与外部环境协调、子系统之间协调和子系统内部协调三个层次构建了内河集装箱运输系统协调发展的理论体系，为科学评价内河集装箱运输系统协调发展打下坚实的理论基础。

第四，构建了内河集装箱运输系统协调发展的评价指标体系，为评价系统协调度提供了基础，给出协调发展度临界值，为评价内河集装箱运输系统协调发展程度提供了量化依据。

6.3 有待进一步深入研究的问题

内河集装箱运输系统内涵丰富，影响因素众多，且协调发展评价工作艰巨复杂，涉及面广，内河集装箱运输协调发展还是一个动态发展的过程，但其对经济社会发展的意义重大，所以对该领域需要不断探索和深入研究，也是作为专门从事水运科学研究的人需要不断关注和跟踪的领域。由于本人研究时间有限、数据来源受限以及研究能力的限制，尚有很多后续研究需要开展：

第一，需要进一步完善内河集装箱运输系统协调发展的评价指标体系，评价指标范围需要进一步扩大。

第二，评价方法需要进一步研究，找出更适合的评价方法。

第三，内河集装箱运输系统协调发展的三个层次之间的关系还需要进一步研究和论证。

第四，加强内河集装箱运输协调发展与现行政策结合的研究，尤其是对现行政策进行定量后评估的研究。

参考文献

[1] Konings R, Priemus H. Dynamics and Spatial Patterns of Intermodal Freight Transport Networks [M] //A Brewer, D Hensher, K Button. Handbook of Logistics and Supply-Chain Management, Oxford: Elsevier Science, 2001: 481-499.

[2] Notteboom T E. Concentration and Load Centre Development in the European Port System [J]. Journal of Transport Geography, 1997, 5 (2): 99-115.

[3] Containerisation S B. , Inter-port Competition and Port Selection [J]. Maritime Policy and Management, 1985 (21): 293-303.

[4] Van Klink A A, G C Van den Berg. Gateways and Intermodalism [J]. Journal of Transport Geography, 1998, 6 (1): 1-9.

[5] Crainic T G. Service Network Design in Freight Transportation [J]. European Journal of Operational Research, 2000 (12): 272-288.

[6] De Langen P W, Chouly A. Hinterland Access Regimes in Seaports [J]. European Journal of Transport and Infrastructure Research, 2004, 4 (2): 361-380.

[7] Kreutzberger E, Konings R, Aronson L. Evaluation of the Cost Performance of Pre-and Post-haulage in Intermodal Freight Networks: Analysis of the Interaction of Production Models and Demand Characteristics [M] //B Jourquin, P Rietveld, K Westin. Towards Better Performing Transport Networks, London, New York: Routledge, 2006: 256-284.

[8] Groothedde B, Tavasszy L A. Spoor tussen wal en schip? Een analyse van het

multimodale netwerk voor goederenvervoer in Nederland [J]. 1997 (13): 161－174.

[9] Rodrique J P. The Thruport Concept and Transmodal Rail Freight Distribution in North America [J]. Journal of Transport Geography, 2008 (16): 233－246.

[10] Konings R. Hub-and-spoke Networks in Container-on-barge Transport [J]. Transportation Research Record, 2006 (8): 23－32.

[11] 钟惠．长江（水系）水路集装箱运输发展研究 [D]. 上海：上海海事大学，2005.

[12] 高婷．长江汉申段水路集装箱运输系统研究 [D]. 武汉：武汉理工大学，2007.

[13] 方奕．杭甬运河集装箱运输系统发展规划研究 [D]. 上海：上海交通大学，2003.

[14] 张婷婷．宁波内河集装箱运输发展研究 [D]. 大连：大连海事大学，2007.

[15] 高斌．长江干线到洋山港江海直达集装箱船船型优选 [D]. 上海：上海交通大学，2005.

[16] 龙静．上海港集装箱内河运输网络规划 [D]. 上海：上海交通大学，2003.

[17] 黄勇．长江内河班轮运输航线优化设置 [D]. 上海：上海交通大学，2007.

[18] 张宗永．上海内河集装箱航运分析与航道规划研究 [D]. 上海：上海交通大学，2001.

[19] 韩京伟，纪永波，金文征．鹿特丹港内河集疏运系统发展研究 [J]. 水运科学研究，2005(3): 16－18.

[20] 黄林，蒋惠园．国外内河集装箱运输的现状与趋势 [J]. 水运工程，2006 (2): 43－47.

[21] 杨仁法．国外内河集装箱运输发展现状及趋势分析 [J]. 世界海运，2006 (6): 28－30.

[22] 张万喜．荷兰内河集装箱运输 [J]. 中国水运，2001(4): 40－41.

[23] 顾家骏．鹿特丹的内河集装箱运输航班 [J]. 集装箱化，1998(4): 6－8.

[24] 李跃旗．欧洲集装箱内河运输经验借鉴 [J]. 中国航海，2007(1): 89－92.

[25] 黄林，蒋惠园．谈欧美内河集装箱运输的现状与趋势 [J]. 航海技术，

2006(1)：29－31.

[26] 郑文鑫，张家龙，杨春勤，等 . 92 TEU 长江三角洲内河集装箱船研究开发［J］. 上海船舶运输科学研究所学报，2005(2)：96－102.

[27] 谭涌，翁方勇 . 75 箱内河集装箱船设计方案［J］. 中国港口，2000(2)：61－62.

[28] 杜月中 . 600 dwt/850 dwt（34 TEU/48 TEU）浅吃水内河集散两用货船［J］. 船舶工程，2003(5)：1－3.

[29] 陈美伦 . 关于内河集装箱货船吨位丈量的商榷［J］. 广东造船，2003(3)：21－33.

[30] 谭政生，杨启武 . 广东内河小型集装箱货船船型述评［J］. 广东造船，2000(4)：1－3.

[31] 游勇 . 跨岸吊集装箱船助推内河集装箱运输方式变革［J］. 集装箱化，2010(2)：9－12.

[32] 陆善兴 . 内河敞口集装箱船航行至洋山港适航技术要求解析［J］. 港口科技，2009(5)：29－33.

[33] 余淳，苏静 . 内河集装箱船舶设计与检查问题探讨［J］. 江苏船舶，2006(10)：12－13.

[34] 曹亚堂，蓝冬 . 内河集装箱船船体的加宽改装［J］. 建造工艺，2009(12)：48－50.

[35] 王丽铮，陈顺怀，郝喜兰，等 . 内河集装箱船船型主尺度系列制定［J］. 2001(1)：65－66.

[36] 尹群，陈晓亮，金军，等 . 内河集装箱船的结构设计方法［J］. 造船技术，2001(5)：6－8.

[37] 张伟 . 内河小型集装箱船船型设想［J］. 中国水运，2004(8)：17.

[38] 李维郑 . 种新型的内河集装箱货船［J］. 广东造船，2001(3)：1－3.

[39] 游勇 . 造自动化集装箱船，开发内河运输资源［J］. 中国港口，2008(3)：40－41.

[40] 京杭运河运输船舶标准船型主尺度系列［S］. 2005.

[41] 川江及三峡库区运输船舶标准船型主尺度系列 [S]. 2010.

[42] 王正国，肖汉斌．格雷母线定位技术在内河集装箱码头堆场中的应用 [J]. 2008(4)：107－109.

[43] 张华勤，郑见粹，杨建中，等．内河大水位差集装箱码头前沿装卸工艺及码头型式探讨 [J]. 中国港口，2005(3)：49－51.

[44] 郑楼先，蒋国仁．内河港口集装箱装卸工艺及设备评述 [J]. 中国水运，2004(4)：42－43.

[45] 彭传圣．内河集装箱运输码头通过能力计算 [J]. 交通标准化，2005(5)：66－68.

[46] 陈强．内河集装箱码头装卸工艺设计 [J]. 珠江水运，1999.6：37－38.

[47] 黄建勇，王多垠．内河架空直立式集装箱码头结构计算模型探讨 [J]. 水道港口. 2008(2)：59－62.

[48] 李勇智，李荣芳．内河码头集装箱起重机新机型的探讨 [J]. 水运工程，2006(6)：26－29.

[49] 郑见粹，杨建中．内河斜坡式码头集装箱装卸工艺 [J]. 集装箱化，2007(9)：1－4.

[50] 黄红菱．内河中小港口集装箱起重机的选型及实例分析 [J]. 港口装卸. 2007(5)：8－9.

[51] 魏东．浅谈内河集装箱码头前沿设备的选型 [J]. 科技信息，2010(21)：508－509.

[52] 张华勤，杨建中．提高内河斜坡式集装箱码头装卸效率的研究 [J]. 港口装卸，2005(5)：8－12.

[53] 郑士源，刘晓峰．上海内河集装箱运量预测 [J]. 预测，2002(4)：30－35.

[54] 盛丽俊，周溪召．上海市5大内河航道集装箱运输量预测 [J]. 上海海事大学学报，2008(3)：67－72.

[55] 韩京伟，纪永波．徐州港集装箱运输发展展望（上）[J]. 集装箱化，2006(7)：30－32.

[56] 韩京伟，纪永波．徐州港集装箱运输发展展望（下）[J]. 集装箱化，2006

(8)：19－23.

[57] 杨建勇．必须重视上海港内河集装箱航运营运环境的研究［J］．中国港口．2010(1)：29－31.

[58] 吴安琪，蒋晓平．大力发展内河集装箱运输［J］．中国水运，2003(6)：14－15.

[59] 季伯兴，马志林．对无锡发展内河集装箱运输的思考［J］．江苏交通，2001(2)：8－10.

[60] 李学斌．发展内河集装箱运输的政府功能定位［J］．水运工程，2009(6)：1－3.

[61] 贾良文，罗章仁．发展珠江三角洲的内河集装箱运输［J］．中国港口，2003(9)：21－22.

[62] 罗晓霞．广西内河港口集装箱运输现状及思考［J］．珠江水运，1997(12)：10－11.

[63] 雷磊．集装箱海铁联运与内河运输的发展关系［J］．交通标准化，2006(12)：109－110.

[64] 朱丽蓉．加快集装箱内河航运发展，推动上海国际航运中心建设［J］．中国工程咨询，2007(3)：28－29.

[65] 李旭东．加快上海内河集装箱运输体系建设［J］．中国水运，2009(1)：13－14.

[66] 吴加红．建设杭州港内河集装箱专用码头之我见［J］．中国港口，2003(2)：37.

[67] 刘和平．建设合肥集装箱码头发展内河多式联运［J］．水运工程，2006(12)：8－11.

[68] 何新华．建设上海内河集装箱集疏运快速通道［J］．中国港口，2002(10)：29.

[69] 李旭东．建设上海内河集装箱运输体系迫在眉睫［J］．中国港口，2009(1)：26－28.

[70] 何健，张萍．江苏发展内河集装箱运输的对策思路［J］．现代经济探讨，

2008(8)：55－57.

[71] 宗蓓华．论 21 世纪上海内河集装箱运输的发展［J］．中国港口，2001(2)：39－41.

[72] 姚国梁．内河集装箱运输可持续发展综合评价研究［J］．研究与探讨，2010(10)：14－16.

[73] 杨仁法，郭慧玲．宁波—舟山港集装箱河海联运体系［J］．水运工程，2009(3)：90－95.

[74] 海君．推进内河集装箱运输发展的关键在于解决瓶颈［J］．港口经济．2010(8)：8.

[75] 王春华．我国长三角内河集装箱运输何去何从［J］．中国港口，2010(4)：19－20.

[76] 张毅．我国内河集装箱运输区域空间演变趋势［J］．综合运输，2007(12)：52－54.

[77] 徐逸桥．我国内河集装箱运输现状和发展目标［J］．综合运输，2003(12)：11－13.

[78] 季伯兴，马志林．无锡发展内河集装箱运输的可行性［J］．中国水运．2001(5)：36.

[79] 张卫东．浙江内河集装箱运输发展战略探讨［J］．中国水运，2009(1)：33－34.

[80] 武德春．中国内河集装箱运输亟待解决四大问题［J］．中国港口，2007(5)：48－49.

[81] 吕友邦．珠江三角洲的内河集装箱运输［J］．集装箱化，2000(1)：32－34.

[82] 贾良文，罗仁章．珠江三角洲内河集装箱运输发展研究［J］．珠江水运，2003(8)：8－10.

[83] 肖克平．珠江水系内河集装箱运输现状和发展［J］．集装箱化，2007(2)：15－18.

[84] 李学斌．长三角地区内河集装箱运输发展战略研究［J］．物流与采购研究．2009(6)：152－153.

[85] 陈建毅．广州港发展内河集装箱支线运输的分析［J］．水运管理，2004(1)：11－12.

[86] 金虹．杭州港内河集装箱运输的发展前景［J］．中国港口，2000(10)：25－26.

[87] 王国平．上海内河集装箱运输发展战略［J］．中国水运，2003(9)：26－27.

[88] 潘文达．“水上高速公路”——开启内河集装箱运输的钥匙［J］．中国港口．2007(1)：28－30.

[89] 王京元，刘洋．物流时代的集装箱多式联运网络规划［J］．综合运输，2006(6)：41－43.

[90] 韩京伟．低碳经济时代的内河运输发展对策［J］．综合运输，2010(5)：18－20.

[91] 李钢，金嘉晨．低碳经济与中国内河航运发展［J］．世界海运，2010(10)：24－27.

[92] 李上康．我国内河运输发展策略［J］．水运管理，2010(12)：13－15.

[93] 王明志．在综合运输体系下加快内河航运发展的思考［J］．交通运输部管理干部学院学报，2010(3)：23－25.

[94] 柯冰．总结借鉴深刻反思因地制宜构建可持续发展的内河航运体系［J］．世界海运，2010(10)：48－52.

[95] 王维国．协调发展的理论与方法研究［M］．北京：中国财政经济出版社，2000.

[96] 曾珍香，顾培亮．可持续发展的系统分析与评价［M］．北京：科学出版社，2000.

[97] 穆东，杜志平．系统协同发展程度的 DEA 评价研究［J］．数学的实践与认识，2005 (4)：56－64.

[98] 周敏，吴瑞明．可持续发展系统的协调性特征及其描述［J］．科学管理研究，2000 (1)：59－61.

[99] 袁旭梅，韩文秀．复合系统的协调与可持续发展［J］．中国人口·资源与环境，1998 (2)：51－55.

[100] 孟庆松，韩文秀．复合系统的协调度模型研究 [J]. 天津大学学报，2000 (7)：444－446.

[101] 张远，李芬，郑丙辉，等．海岸带城市环境—经济系统的协调发展评价及应用——以天津市为例 [J]. 中国人口·资源与环境，2005 (2)：53－56.

[102] 张生瑞，严宝杰．综合运输体系协调发展的理论分析 [J]. 长安大学学报（自然科学版），2002 (2)：51－53.

[103] 张国伍．论交通运输系统规划、协调与发展 [J]. 交通运输系统信息与工程，2005 (1)：16－24.

[104] 国家发展改革委交通运输司《交通运输协调发展研究》课题组．我国综合运输体系协调发展的目标与重点 [J]. 综合运输，2005 (11)：4－7.

[105] 陈荫三，李纪治，吴群琪，等．综合运输市场的理性培育与协调发展 [J]. 科技导报，1997 (11)：62－64.

[106] 孙朝苑，蒲云．交通运输可持续发展体系的评估方法初探 [J]. 世界科技研究与发展，2003 (2)：79－81.

[107] 王孝坤．综合运输复合系统协调发展研究 [D]. 西安：长安大学，2003.

[108] 苏贵影．实现交通与经济协调发展 [J]．山西高等学校社会科学学报，2005 (1)：36－37.

[109] 何杰，魏琳，李旭宏，等．公路超载运输治理与经济协调发展的系统动力学模型 [J]. 交通运输系统工程与信息，2006 (5)：59－6.

[110] 张雪松，陈敏．多种公共交通运输方式与社会经济协调发展 [J]. 价格理论与实践，2006 (11)：26－27.

[111] 张俊．江西省“交通运输—区域经济”复合系统协调发展的实证研究 [D]. 南昌：华东交通大学，2005.

[112] 武旭，胡思继，崔艳萍，等．铁路运输与社会经济协调发展评价问题的研究 [J]．铁道学报，2005 (3)：20－25.

[113] 王繁己．2000—2020 年甘肃省社会经济与公路运输协调发展模式 [J]. 交通世界，2001 (6)：20－25.

[114] 徐伟欣．走与环境相协调的可持续运输之路 [J]. 青海交通科技，2001

(2)：45－46.

[115] 冯尔钢．公路是促进综合运输体系协调发展拉动国民经济的动力 [J]．山西交通科技，1999 (1)：11－36.

[116] 雷怀英．基于DEA的交通运输与经济发展的协调性评价 [J]．统计与信息论坛，2007 (1)：50－53.

[117] 熊崇俊，宁宣熙，潘颖莉．中国综合交通各运输方式协调发展评价研究 [J].系统工程，2006 (6)：1－7.

[118] 徐利民，胡思继．论综合运输体系的协调发展 [J]．技术经济，2003 (5)：67－68.

[119] 付慧敏．运输通道公铁系统协调发展研究 [D]．西安：长安大学，2006.

[120] 田园，张森琳．陆上交通运输系统协调发展分析 [J]．交通科技，2006 (4)：60－63.

[121] 吴卫平，王东．我国各种运输方式协调发展研究 [J]．铁道经济研究，2005 (2)：29－33.

[122] 魏连雨，李巧茹．城市交通系统的可协调发展 [J]．河北工业大学学报，1998 (3)：117－122.

[123] 郡冰．水路交通运输可持续发展指标体系及综合评价研究 [D]．武汉：武汉理工大学，2004.

[124] 景劲松．我国公路交通运输系统可持续发展分析与评价 [D]．郑州：河南农业大学，2001.

[125] 胡松超，吴方针．推进点线能力协调适应铁路运输发展 [J]．铁道运输与经济，2006 (11)：28－29.

[126] 刘军，贾强，晏克非．区域公路建设与运输协调关系浅探 [J]．交通与运输，2006 (12)：75－78.

[127] 周文华，边平涛，徐志修．区域公路建设与运输协调关系浅探 [J]．交通标准化，2005 (9)：115－117.

[128] 刘锡汉．充分发挥长江/黄金水道优势促进综合运输体系协调发展 [J]．交通企业管理 2004 (6)：4－6.

[129] 蒋阳升，陈彦如．城市交通系统发展的协调行分析 [J]．交通运输工程与信息学报，2006 (3)：53－56.

[130] 景向阳，刘仍奎．推进点线能力协调适应铁路运输发展 [J]．铁道运输与经济，1997 (8)：38－39.

[131] JT/T 447.2－2001 内河货运船舶船型主尺度系列集装箱船 [S]．中华人民共和国交通部，2001..

[132] 交通运输部．2013 年度航道管理与养护年报统计分析报告 [R]．2013.

[133] 全国交通运输统计资料汇编 [Z]．中华人民共和国交通运输部．

[134] 赵东华，陈虹，黄荳荳．上海内河集装箱运输发展的问题探讨 [J]．水运工程，2012(12)：27－31.

[135] 系统 [EB/OL]．百度百科．http：//baike. baidu. com/view/25302. htm.

[136] 张国伍．论交通运输系统规划、协调与发展 [J]．交通运输系统工程与信息，2005 (1)：16－24.

[137] 耗散结构 [EB/OL]．百度百科．http：//baike. baidu. com/view/136267. htm.

[138] 交通运输部水运科学研究院．长江黄金水道对沿江经济与社会的贡献研究报告 [R]．2010.

[139] 黄晓伟，何明升．供应链资源协同的自组织演化模型研究 [J]．南京理工大学学报（自然科学版），2010(1)：35－39.

[140] 贺晓宏．从布郎运动的碰撞机制导出郎之万方程 [J]．太原理工大学学报．2001(3)：206－208.

[141] 林义成，李夏苗，刘大鹏．基于 Logistic 增长的城市交通运输方式共生模型及演化机理 [J]．铁路科学与工程学报，2009 (6)：91－96.

[142] 机制 [EB/OL]．百度百科．http：//wiki. mbalib. com/wiki/%E6%9C%BA%E5%88%B6.

[143] 张朋柱．合作博弈理论与应用：非完全共同利益群体合作管理 [M]．上海：上海交通大学出版社，2006.

[144] 克里斯汀·蒙特，丹尼尔·塞拉．博弈论与经济学 [M]．张琦，译．北京：经济管理出版社，2004.

[145] 水桶效应 [EB/OL]. 百度百科 . http: //baike. baidu. com/view/195498. htm.

[146] 秦四平 . 运输经济学 [M]. 北京：中国铁道出版社，2004.

[147] 甘应爱 . 运筹学 [M]. 北京：清华大学出版社，2005.

[148] 陆化普 . 交通规划理论与方法 [M]. 北京：清华大学出版社，2006.

[149] 张宗永 . 上海内河集装箱航运分析与航道规划研究 [D]. 上海：上海交通大学，2001.

[150] 李江 . 湘江集装箱运量预测方法研究 [D]. 武汉：武汉理工大学，2006.

[151] 田炜 . 集装箱港口网络效应研究 [D]. 大连：大连理工大学，2008.

[152] 陈丽芬 . 基于网络配流的环渤海集装箱运输方式研究 [D]. 大连：大连海事大学，2008.

[153] 胡鑫博 . 嘉兴市集装箱水路运输网络研究 [D]. 大连：大连海事大学，2008.

[154] Ballis A, Golias J. Comparative Evaluation of Existing and Innovative Rail-Road Freight Transport Terminals [J]. Transportation Research Part A: Policy and Practice, 2002, 36 (7): 593 - 611.

[155] Central Commission for Navigation on the Rhine and European Commission (2008) . Market Observation 2007 for Inland Navigation in Europe [S]. Strasbourg, 2008.

[156] De Langen P W, Chouly A. Hinterland Access Regimes in Seaports [J]. European Journal of Transport and Infrastructure Research, 2004, 4 (2): 361 - 380.

[157] Nierat P. Market Area of Rail-Rruck Terminals: Pertinence of the Spatial Theory [J]. Transport Research Part A: Policy and Practice, 1997, (31) 2: 19 - 127.

[158] Notteboom T E. Concentration and Load Centre Development in the European Port System [J]. Journal of Transport Geography, 1997, 5 (2): 99 - 115.

[159] Resor R R, Blaze J R. Short-Haul Rail Intermodal. Can It Compete with Trucks? [J]. Transportation Research Record, 2004 (6): 45 - 52.

[160] Rodrique J P. The Thruport Concept and Transmodal Rail Freight Distribution in North America [J]. Journal of Transport Geography, 2008 (16): 233-246.

[161] Savy M, Aubriot C. Intermodal Transport in Europe [R] //Bulletin of the Observatory on Transport Policies and Strategies in Europe, 2005: 13-14.

[162] Van Klink A A, G C Van den Berg. Gateways and Intermodalism [J]. Journal of Transport Geography, 1998, 6 (1): 1-9.

[163] Woxenius J. Generic Framework for Transport Network Designs: Applications and Treatment in Intermodal Freight Transport Literature [J]. Transport Reviews, 2007, 27 (6): 733-749.

[164] Notteboom T. Spatial and Functional Integration of Container Port systems and Hinterland Networks in Europe [M] //Land Access to Seaports, Economic Research Centre ECMT-OECDs, Paris: OCED, 2001: 242-259.

[165] Savenije R P A C, Homan W, Blauw H B. Reducing Terminal Costs for Inland Navigation [M] //Proceedings PIANC Congress, Section I, The Hague: PIANC, 1998: 17-23.

[166] O'Kelly M E, Miller H J. The Hub Network Design Problem: A Review and Synthesis [J]. Journal of Transport Geography, 1994 (2): 31-40.

[167] Notteboom T, Konings R. Network Dynamics in Container Transport by Barge [J]. Belgian Journal of Geography, 2004 (4): 461-477.

[168] McShan S, Windle R. The Implications of Hub-and-spoke Routing for Airline Costs and Competitiveness [J]. Logistics and Transportation Review, 1989 (25): 209-230.

[169] O'Kelly M E, Miller H J. The Hub Network Design Problem: A Review and Synthesis [J]. Journal of Transport Geography, 1994 (2): 31-40.

[170] O'Kelly M E, Bryan D. Hub Location with Flow Economies of Scale [J]. Transportation Research B, 1998, 32 (8): 605-616.

[171] Wheeler C F. Strategies for Maximizing the Profitability of Airline Hub-and-

spoke Networks [R] //National Research Council. Transportation Research Record: Journal of the Transportation ResearchBoard, 1989: 1-9.

[172] De Langen P W, Chouly A. Hinterland Access Regimes in Seaports [J]. European Journal of Transport and Infrastructure Research, 2004, 4 (2): 361-380.

[173] Haezendonck E, Notteboom T. The Competitive Advantage of Seaports [M] // Huybrechts H Meersman, E Van de Voorde, E Van Hooydonk. Port Competitiveness, An economic and legal analysis of the factorsdetermining the competitiveness of seaports, De Boeck: Antwerp, 2002: 67-87.

[174] Hayuth Y. Containerisation and the Load Centre Concept [J]. Economic Geography, 1981 (57): 160-176.

[175] Hayuth Y. Intermodal Transportation and the Hinterland Concept [J]. Tijdschrift voor Economische en Sociale Geografie, 1982 (73): 13-21.

[176] Konings R. Network Design for Intermodal Barge transport [J]. Transportation Research Record, 2003 (11): 17-25.

[177] Konings R. Hub-and-Spoke Networks in Container-on-barge Transport [J]. Transportation Research Record, 2006 (10): 23-32.

[178] McCalla R J. Global Change, Local Pain: Intermodal Seaport Terminals and Their Service Areas [J]. Journal of Transport Geography, 1999, 7 (4): 247-254.

[179] Notteboom T E. Concentration and Load Centre Development in the European Port System [J]. Journal of Transport Geography, 1997, 5 (2): 99-115.

[180] Notteboom T E, Konings R. Network Dynamics in Container Transport by Barge [J]. Belgian Journal of Geography, 2004, 5 (4): 461-477.

[181] Van Klink H A, G C Van den Berg. Gateways and Intermodalism [J]. Journal of Transport Geography, 1998, 6 (1): 1-9.

[182] Notteboom T E, Konings R. Network Dynamics in Container Transport by Barge [J]. Belgian Journal of Geography, 2004, 5 (4): 461-477.

[183] Rodrigue J P. Globalization and the Synchronization of Transport terminals [J]. Journal of Transport Geography, 1999 (7): 255－261.

[184] Barthel F, Woxenius J. Developing Intermodal Transport for Small Flows over Short Distances [J]. Transportation Planning and Technology, 2004, 27 (5): 403－424.

[185] Morlok E K, Spasovic L N. Improving Productivity Intermodal Rail-truck Drayage Service and Its Implications for Product Positioning and Organizational Structure [M] //P T Harker. The Service Productivity and Quality Challenge, Dordrecht: Kluwer Academic Publishers, 1993: 407－434.

[186] Walker W T. Network Economies of Dcale in Dhort Haul Truckload Operations [J]. Journal of Transport Economics and Policy, 1992 (1): 3－17.

[187] Blauwens G. De logistieke keuze tussen weg en binnenvaart voor het containervervoer van en naar de zeehavens [J]. Economisch en Sociaal Tijdschrift, 1991 (3): 445－459.

[188] Blauwens G, E van de Voorde. The Valuation of Time Savings in Commodi Tytransport [J]. International Journal of Transport Economics, 1988 (1): 77－87.

[189] Buis J, Bovy P H L. Tijdstipafhankelijke kwaliteit van multimodal goederenvervoer [J]. Bijdragen Vervoerslogistieke Werkdagen, 1997 (14): 175－188.

[190] Rissoan J P. River-Sea Navigation in Europe [J]. Journal of Transport Geography, 1994, 2 (2): 131－142.

[191] Quandt R E, Baumol W J. The Demand for Abstract Transport Modes, Theory and Measurement [J]. Journal of Regional Science, 1996 (6): 13－26.

[192] Darch M. Trends in Container Transport the Modal Split [J]. Ports and Harbors, 2002 (10): 14－16.

[193] Konings R. Opportunities to Improve Container Barge Handling in the Port of Rotterdam From a Transport Network Perspective [J]. Journal of Transport Geography, 2007, 15 (4): 443－454.

[194] 刘建军，何增荣．港口枢纽集装箱运输的协调评价 [J]. 中国航海，2006(2)：72－77.

[195] 王柱．从集装箱码头的成本特点谈如何加强成本控制 [J]. 交通财会，2008(2)：66－68.

[196] 严俊．港口集装箱码头的盈亏平衡分析 [J]. 集装箱化，2007(2)：1－5.

[197] 罗勋杰，丁涛，林桦，等．基于集装箱码头生产过程的成本控制方法 [J]. 集装箱化. 2011(1)：4－7.

[198] 陈超，王海燕．集装箱码头泊位生产运作优化模型 [J]. 大连海事大学学报. 2009(11)：52－54.

[199] 姚国梁．内河集装箱可持续发展综合评价研究 [J]. 物流技术，2010(10)：14－16.

[200] 关秀光．突破集装箱码头作业效率"瓶颈" [J]. 集装箱化，2009(9)：9－10.

[201] 李丽．沿海内贸集装箱轴辐式航线经济性分析 [D]. 大连：大连海事大学，2010.

[202] 李柯．内河运输可持续发展评价及应用研究 [D]. 武汉：武汉理工大学，2006.

[203] 张生瑞，邵春福．交通运输系统协调发展理论与模型研究 [J]. 数学的实践与认识，2007(3)：1－6.

[204] 张生瑞，严宝杰．交通运输系统协调发展的理论分析 [J]. 长安大学学报. 2002(3)：51－53.

[205] 毛保华．运输系统协调理论研究 [J]. 系统工程，1994(7)：54－58.

[206] 沈鹏，杨浩．复合系统理论在交通运输系统协调性研究中的应用 [J]. 铁道运输与经济，2007(7)：4－6.

[207] 交通运输部规划研究院．加快推进综合运输体系建设研究报告 [R]. 2011.

[208] 交通运输部水运科学研究院．长江集装箱运输系统优化与相关技术研究报告 [R]. 2009.

[209] 闫威，陈长怀，陈燕．层次分析法一致性指标的临界值研究 [J]. 数理统

计与管理．2011(3)：414－423.

[210] 权重的确定方法．[EB/OL]．百度文库．http：//wenku. baidu. com/view/a3c8152758fb770bf78a558c. html.

[211] 协调发展 [EB/OL]．百度百科．http：//baike. baidu. com/view/1646035. htm.

[212] 彭非，袁卫，惠争勤．对综合评价方法中指数功效函数的一种改进探讨 [J]．统计研究．2007(12)：29－34.

[213] 张哲辉．基于两阶段法的长江集装箱船舶运输系统优化 [J]．水运管理．2010(7)：34－38.

[214] 尹臻彧．基于战略联盟下港口甩挂运输研究 [J]．合作经济与科技，2011(12)：69－70.

[215] 彭传圣．集装箱码头与内陆场站之间的交通 [J]．中国港口，2005(12)：29－30.

[216] 中国水运．加快内河航运发展，推进综合运输体系建设 [J]．中国水运，2009(12)：4－5.

[217] 胡强．联合建立集装箱中转站促进集装箱运输的发展 [J]．内蒙古公路与运输．1997(4)：36－37.

[218] 臧白鸽．集装箱港口内陆集疏运网络优化 [D]．大连：大连海事大学，2011.

[219] 协调发展 [EB/OL]．百度百科．http：//baike. baidu. com/view/1646035. htm.

[220] Rob Konings. Intermodal Barge Transport：Network Design，Nodes and Competitiveness [J]．Transportation Research Record，1963 (12)：212－240.

[221] 贾大山．中国水运发展战略探索 [M]．大连：大连海事大学出版社，2007.

[222] 全国交通运输统计资料汇编 [Z]．中华人民共和国交通运输部．

[223] 中国统计年鉴 [Z].

[224] 中华人民共和国交通部．第二次全国内河航道普查资料 [Z]．北京：人民交通出版社，2004.

[225] 张国伍．论交通运输系统规划、协调与发展 [J]．交通运输系统工程与信息，2005 (1)：16－24.

[226] 韩京伟．内河集装箱运输竞争力再认识［J］．物流技术，2011(11)：18－20.

[227] 韩京伟．低碳经济时代的内河运输发展对策［J］．综合运输，2010(5)：18－20.

[228] 科学发展观［EB/OL］．百度百科．http：//baike.baidu.com/view/15952.htm.

后　记

本书是在我的博士学位论文基础上修改完成的。在此，首先要感谢我的导师刘凯教授，刘教授以严谨的治学精神指导我的课程学习和论文写作，对论文存在的主要问题指出了明确的修改方向，学位论文从结构框架到细节安排都包含着刘教授的心血。同时，刘教授宽容的心态也使我有了自由探索的空间。今年恰逢他老人家 70 大寿，门下天南海北学子近 70 人赶来祝寿，场面宏大，记忆犹新，凸显老师魅力。

本书内容是关于内河集装箱运输发展的选题，有我工作十几年的研究基础，曾经参与与之相关的科研项目就有十余项之多，不但调研过国内主要从事内河集装箱运输的港口、航运企业和政府主管部门，还有机会到国外亲自考察内河集装箱发展情况，为本书的完成都奠定了良好的基础。我一直对该领域保持着兴趣，在研究过程中通过构建理论体系，得出很多创新结论，也对行业中一直存在的一些争议问题做出判断，给出结论，除了获得喜悦之外，也为我作为该领域的专家打足了底气。北京交通大学朱晓宁、何世伟、郎茂祥教授对我的论文提出了许多宝贵意见，在此表示衷心的感谢。在撰写论文期间，邢虎松等同学对我的论文研究工作给予了热情帮助，在此向他们表达我的感激之情。此外，我还要感谢交通运输部水运科学研究院的老同事冯房柱副研究员，我刚刚工作就在他的带领下从事内河集装箱运输项目的研究，他丰富的经验和流畅的文笔，使我受益匪浅，如今他已经75岁高龄，在这里我祝他老人家健康长寿。

在职读博期间，有来自工作和生活的压力，但我还是完成了人生中的几件大事，结婚、生子，晋升职称，读博期间发表的文章有力地支撑我拿到正高的职称。博士学位拿到后，还能带着父母和妻女参加我的毕业典礼，其中的喜悦难以言表，我想父母和不到两岁的女儿都应该会为我自豪吧。感谢我的妻子李丹地，她陪伴我度过了在职攻读博士的岁月，尤其在毕业论文撰写期间，给予我极大的支持和鼓励。我要把本书献给我的父母，感谢他们对我学业上的恒久鼓励，以及生活上的无私支持，不辞辛苦帮我照顾小孩。总之，我的每一点进步都凝结着父母和妻子的关爱，他们的期待将作为我永远的动力，伴随我继续前进。